张福江国际象棋丛书

张福江是我国第一位全国冠军，
中国国际象棋"太祖"；
鲍特维尼克是第六位世界冠军，
俄罗斯国际象棋之父。

国际象棋世界冠军
鲍特维尼克对局大全

（第一辑）

张福江 编著

经济管理出版社·棋书中心

图书在版编目（CIP）数据

国际象棋世界冠军鲍特维尼克对局大全. 第一辑/张福江编著.—北京：经济管理出版

社，2014.4

ISBN 978-7-5096-3033-4

Ⅰ.①国…　Ⅱ.①张…　Ⅲ.①国际象棋–对局（棋类运动）　Ⅳ.①G891.1

中国版本图书馆 CIP 数据核字（2014）第 066380 号

组稿编辑：史思旋

责任编辑：郝光明　史思旋

责任印制：黄章平

责任校对：李玉敏

出版发行：经济管理出版社
　　　　　（北京市海淀区北蜂窝 8 号中雅大厦 A 座 11 层　100038）

网　　　址：www. E-mp. com. cn

电　　　话：(010) 51915602

印　　　刷：保定金石印刷有限公司

经　　　销：新华书店

开　　　本：720mm×1000mm/16

印　　　张：11

字　　　数：173 千字

版　　　次：2014 年 6 月第 1 版　2014 年 6 月第 1 次印刷

印　　　数：1-4000 册

书　　　号：ISBN 978-7-5096-3033-4

定　　　价：28.00 元

前　言

世界国际象棋联合会为纪念鲍特维尼克诞辰 100 周年，把 2011 年定为鲍特维尼克年。

鲍特维尼克是苏联人，生于 1911 年 8 月 17 日，电气工程师，技术科学博士，国际象棋第六位世界冠军。

1946 年，第二次世界大战的枪炮声刚刚停歇下来，第四位世界冠军阿列亨却仍然浪迹天涯，3 月 24 日夜里突发脑溢血猝死于葡萄牙小镇埃斯托里阿尔。世界棋坛一时群龙无首，失去了现役冠军。

国际棋联决定，于 1948 年举行世界冠军赛，人数定为 6 人。参赛棋手未经层层选拔，而是根据近年的比赛成绩和声望提议确定的。他们是：鲍特维尼克、斯梅斯洛夫、凯列斯（苏联）、列舍夫斯基、梵茵（美国）和第五位世界冠军尤伟（荷兰）。梵茵婉言谢绝参赛，余下 5 人举行了一场声势浩大的五循环对抗赛。比赛结果，鲍特维尼克以 10 胜 8 平 2 负的成绩荣获第一名，登上世界冠军宝座。斯梅斯洛夫 11 分居第二名，凯列斯和列舍夫斯基均获 10.5 分，并列第三名，尤伟 4 分，位居第五名。

随后世界冠军赛逐渐走上正轨，逐级选拔，三年一个循环。1951 年的候选人是来自苏联的布龙什坦，二人大战 24 局，各得 12 分战平，依照规则，鲍特维尼克成功卫冕。

1954 年的候选人是苏联人斯梅斯洛夫。二人 12：12 战平，鲍特维尼克再次卫冕。

1957 年的候选人仍是斯梅斯洛夫，但分出了胜负。双方下了 22 局，斯梅斯洛夫 6 胜 3 负 13 和，12.5：9.5，成为第七位世界冠军。

国际棋联再立新规，允许失去桂冠的前世界冠军次年举行一场回敬赛（又称报复赛）。

1958 年，鲍特维尼克重登冠军宝座，战绩为 7 胜 5 负 11 和（12.5：10.5）。

1960 年，一位新人当上候选人，他是苏联的塔尔。塔尔算度准确，以攻杀见长。塔尔以 6 胜 2 负 13 和（12.5：8.5）获胜，成为第八位世界冠军。

翌年回敬赛，人们普遍不看好鲍特维尼克。因为他年事已高，而塔尔战绩显赫。但鲍氏焕发出少见的战斗青春，以 10 胜 5 负 6 平（13：8）大比分获胜。

1963 年，鲍氏进行了最后一次世界冠军赛，以 2 胜 5 负 15 和，9.5：12.5 负于又一位苏联人彼特洛香。是年，回敬赛取消。

1995 年，鲍氏逝世。他一生中参加国际、国内一百多场比赛，战绩卓著。

鲍特维尼克在棋上以及在生活中都是一位现实主义者。他是一位教育家，他创办的国际象棋学校培养出世界冠军卡尔波夫和卡斯帕罗夫及一批优秀的特级大师：尤苏波夫、索科洛夫、巴拉绍夫、拉祖瓦耶夫、多尔玛托夫、普萨希斯、阿赫梅洛夫斯卡娅及约谢里阿妮等。他是一位杰出的评论家。他的文章和书籍风格严谨、内容深刻。

他全面地分析了国际象棋战斗的规律，详尽地研究了日常训练和备战比赛的方法。他教导青少年，指出国际象棋是个有其规律、要求精准的游戏。他成功地奠定了苏联国际象棋学派的基础。

鲍特维尼克一生著述颇多，有《比赛准备方法》、《立在目标近旁》、《格林菲尔德防御》、《苏联绝对冠军称号循环对抗赛》、《鲍特维尼克—斯梅斯洛夫世界冠军赛，1954 年》、《斯梅斯洛夫—鲍特维尼克世界冠军赛回敬赛，1958 年》、《国际象棋生涯半个世纪》及《鲍特维尼克对局大全》等。

本书作者是老一代中国国际象棋人，1957 年有幸参加第一届全国国际象棋锦标赛并夺得冠军。爱棋如同生命，略通俄语，一生欣赏鲍特维尼克。依据手中所掌握的资料，编写了这本对局集，汇聚了 1924 ~ 1931 年鲍特维尼克青少年时期的 100 盘棋，按年代顺序编排并配有注释，适合各级爱好者阅读。

作者老迈，不当之处请广大同仁见谅。若能得到棋迷同好们的认可，也愿续写下去，为中国国际象棋的大繁荣、大发展添砖加瓦，为更加美好的明天而努力。

张福江

2014 年 1 月 1 日

目 录

列宁格勒第 157 学校冠军赛
（1924 年 3～4 月）

1923 年秋天，鲍特维尼克初次参加学校比赛，下得很不成功，大概只取得半分。有关这次比赛，鲍特维尼克留下的只是模糊的记忆。他只记得是在课后学校的饭厅里下的棋，棋局并不令他满意。虽几经努力，他还是输掉了，因为当时他的对手们较他有更多的经验和知识。

第 1 名可能是格利沙·阿布拉莫维奇，也可能是维佳·米留金。维佳·米留金读最后一个年级，而格利沙·阿布拉莫维奇已经从学校毕了业；[①] 他已是彼得堡国际象棋协会的成员，具有三级棋士称号。当时，大家非常尊崇他。

其间，学校里产生了很大的变化。建立起共青团基层组织，开始出版墙报、召开会议及举办晚会。以前，课后学生们一般各回自己家，现在经常留在学校里从事社会活动。有政治学习小组、体育小组（一般是打篮球），也有下国际象棋的。

当时，国际象棋在列宁格勒的小学校中开展得十分广泛。几乎所有学校都举办比赛，学校间的互访是经常现象。鲍特维尼克所就读的第 157 学校也不例外，几乎在所有高年级中都举办过比赛。

鲍特维尼克经常与班里的同学，如舒拉·奥尔洛夫和维拉·塔巴琴斯基每周 2～3 次下国际象棋。但当时这些对局已不能满足鲍特维尼克。他深刻地理解了齐果林 1876～1877 年的《国际象棋报》后就轻易地击败自己的对手。恰巧刚好出版了格列科夫和涅纳罗科夫的开局教科书，鲍特维尼克立刻买下并详尽地一一做了研究。

世界冠军埃玛·拉斯凯尔的访问，令鲍特维尼克眼界大增、知识大长。他记下了拉斯凯尔全部巡回表演的对局。

---

① 苏联有七年制和十年制学校。

渐渐地，高年级的同学也已不是他的对手，但他却无论如何也对付不了维佳·米留金。有一次，鲍特维尼克刚刚"学会"西班牙布局就立刻执白采用它对付米留金。米留金却回避了格列科夫和涅纳罗科夫所引用的变化，自然很快获胜。

1924 年 3 月 22 日，学校传统的冠军赛打响了。这一次不同以往 14 人比赛，而是举办 4 人两局制的比赛。第 1 轮，鲍特维尼克执黑对米留金并取胜。这是一个很大的成就——第一次战胜米留金！鲍特维尼克收获了足够的信心。

下面的这局棋是从鲍特维尼克的记事本中发现的，是他用铅笔记下的心得。虽然笔迹已显模糊，但在他的记忆里很深、很深。

第 1 局　格林菲尔德防御
米留金——鲍特维尼克

1. d2-d4 马 g8-f6　2. c2-c4 g7-g6　3. g2-g3 象 f8-g7　4. 象 f1-g2 d7-d5　5. c4:d5 马 f6:d5　6. e2-e4 马 d5-b6　7. 马 g1-e2 e7-e5　8. 象 c1-e3 e5:d4　9. 马 e2:d4?

失算，丢失半个子力且失去换位机会，应当走 9. 象:d4 0-0　10. 马 bc3，白方局势不错。

9. … c7-c5　10. 马 d4-b3 后 d8:d1+　11. 王 e1:d1 象 g7:b2　12. 象 e3:c5 象 b2:a1　13. 马 b3:a1 马 b6-a4　14. 象 c5-a3 象 c8-e6　15. 马 a1-b3 马 b8-c6　16. 马 b3-c1

不必要的弱着，使自己的局面更加困难。很显然，他想把马经 e2 转移至 c3，以摆脱黑方的 a4 马。但这一手法时机不适当。应当出动各个子力并把王引领到安全的地方。

16. … 0-0-0+　17. 王 d1-e1 车 d8-d7

这着棋弱。较有力的是走 17. … 马 d4，目的是兑掉 a3 象并把王驱赶到险境。

18. f2-f4 象 e6-g4　19. 王 e1-f2 马 c6-d4（图 1）

这着棋不好。黑方忽略了对方一步精细的应着。应该走 19. … 车 hd8。

20. 马 c1-d3 f7-f6

假如现在走 20. … 马 b5，则

21. 马 e5 马：a3 22. 马：d7 马：b1

23. 马 e5，白方可追回半个子。

21. 马 b1–d2

鲍氏的解说：消耗子力的着法。该着棋只可用纯外界条件来解决。以后的斗争已失去意义。评注的语言不失对对方的尊重。究竟纯外界条件是什么只能说不知道。也许周围很吵闹。

21. … 马 d4–b5 22. 车 h1–c1 +王 c8–b8 23. 马 d2–c4 马 b5：a3

图 1

白方认输。

接着，鲍特维尼克又同吉里别尔曼下了两局棋，两局都胜。第一局赢得轻松。第二局，双方走入了很微妙、很纠缠的局面，在争斗中鲍特维尼克再次胜出。然后，鲍特维尼克同米留金下了第二局。此时米留金已经毫无斗志，因而很快输棋。最厉害的格利沙还没有参加比赛。他对鲍特维尼克的成绩感到很惊异，并主动邀请鲍特维尼克到他的家中来切磋几盘。

第 2 局　古印度防御

阿布拉莫维奇——鲍特维尼克

1. d2–d4 马 g8–f6 2. c2–c4 g7–g6 3. 马 b1–c3 象 f8–g7 4. 马 g1–f3 d7–d6 5. 象 c1–f4 马 f6–h5

在这里最明智的走法是退象，但这就表明白方"胆怯"，也就意味着损毁了国际象棋协会成员的威望！

6. 后 d1–d2 马 h5：f4 7. 后 d2：f4 马 b8–d7 8. 马 f3–g5

鲍氏的解说：格利沙根据鲍特维尼克以往的冠军赛了解我，只想尽快地赢下对局。白方的用意很简单：或者黑方疏忽 f7 杀；或者在 8. … f6 9. 马 e6 之后将要丢后。

8. … 0-0　**9. e2-e3** h7-h6

当然，较好的是立刻走 9. … e5，但此时我难以自持，足见对方马至 g5 这一手法毫无目的性。

10. 马 g5-f3 e7-e5　**11. d4:e5** d6:e5　**12. 后 f4-e4** 马 d7-b6

在这里我不得不做考虑，走 12. … c6 或者 12. … 马 c5　**13. 后 d5** 后 e7，我尚未判断清楚。但是我深知必须尽快出子，因此决定给 c8 象打开线路。

13. 马 c3-b5

对局的过程未能使白方得到教训。马的第一跳（8. 马 g5）被打退，现在再次跳马，他决定设下一个新的陷阱：13. … c6　14. 车 d1 后 e7　15. 马 d6，不过黑方没有什么危险，因为白方忘记出动自己的王翼。即便如此我仍然不希望对方的马放到 d6 格。

13. … a7-a6　**14. 车 a1-d1** 后 d8-e7　**15. 马 b5-c3** c7-c6

保住 d5 格的同时又保住 b7 格。现在黑方的 c8 象带着一股强大的力量进入局内。

16. 象 f1-e2

应当倾向于走 16. 后 c2，但难道这不意味着退却吗？

16. … 象 c8-f5　**17. 后 e4-h4** 后 e7-b4

白后在后翼的缺失受到了影响。

18. 车 d1-d2 g6-g5

驱赶白方的后，为车夺取 d8 格。

19. 后 h4-g3 e5-e4

放跑了自己的优势，简单且明显的是走 19. … 车 ad8　20. a3 后 b3。

20. 马 f3-d4 车 a8-d8（图2）

白方以为已经解决了对局。格利沙在想，他会轻易地"击溃"对手，而黑方却突然地弃掉一子！他精神极度沮丧且险些立刻犯下无法补救的错误。

21. a2-a3

图2

吃子当然不好：21. 马∶f5 车∶d2　22. 王∶d2 后∶b2+。

21. … 后 b4-a5　22. 马 d4∶f5

此刻白方应该走 22. 0-0 随后 23. 车 fd1。对局中的走法立刻输掉，因黑方可走 22. … 象∶c3 轻易获胜。但是他怕 h6 兵缺乏防守，因此选择了别的走法。

22. … 车 d8∶d2　23. 马 f5-e7+ 王 g8-h7！　24. 王 e1∶d2 象 g7∶c3+

此时，白方多一子没有太大意义。黑方不担心 25. bc 车 d8+　26. 王 c2（26. 马 d5 马∶d5　27. cd 车∶d5+　28. 王 c2 后 a4+）26. … 后 a4+，胜定。

25. 王 d2-c1 象 c3∶b2+！　26. 王 c1∶b2 后 a5-d2+　27. 王 b2-b3 后 d2∶e2　28. f2-f4

不太明白的走法。但是如走 28. 车 c1，黑方可以车 f8-d8-d3+也将迎来胜利。

28. … 后 e2∶c4+　29. 王 b3-b2 马 b6-a4+　30. 王 b2-b1 后 c4-d3+ 31. 王 b1-c1 后 d3-c3+　32. 王 c1-d1 车 f8-d8+

白方认输。

不久，格利沙把鲍特维尼克引领到国际象棋协会（位处乌拉基米尔大街），那里聚集了当时列宁格勒最强劲的棋手。这样的环境造就了一大批为苏联国际象棋在全世界居掌控地位的大师。

列宁格勒的一个小学生的国际象棋生涯的最初几步便是这样度过的。

第3局　后翼弃兵
鲍特维尼克——吉里别尔曼

1. d2-d4 d7-d5　2. c2-c4 e7-e6　3. 马 b1-c3 马 g8-f6　4. 象 c1-g5 马 b8-d7　5. e2-e3 象 f8-e7　6. 马 g1-f3 h7-h6　7. 象 g5∶f6 马 d7∶f6　8. 象 f1-d3 象 e7-d6？　9. 后 d1-b3 c7-c6　10. 0-0 后 d8-c7　11. c4∶d5 c6∶d5？　12. 马 c3-b5 后 c7-b8　13. 马 b5∶d6+ 后 b8∶d6

黑方开局走得很差，白方充分利用出子上的优势。

14. 车 a1-c1 0-0　15. 马 f3-e5 马 f6-d7　16. 马 e5∶d7 后 d6∶d7

如走 16. …象∶d7，则 17. 后∶b7 车 fb8　18. 后 c7，白方多兵。

17. 象 d3-b5

较精确的是立刻走 17. 车 c2 或者
17. 车 c5。

图 3

　　17. … 后 d7-d6　18. 车 c1-c2
a7-a6　19. 象 b5-e2 b7-b5

20. 车 f1-c1 象 c8-d7　21. 车 c2-c5
车 a8-c8　22. 后 b3-a3！（图 3）

22. … 车 c8：c5　23. d4：c5 后 d6-c6
24. b2-b4 e6-e5

黑方阵营中形成新的弱点。

　　25. 后 a3-c3 车 f8-e8　26. 象 e2-f3
e5-e4　27. 象 f3-e2 车 e8-a8

28. 车 c1-a1 后 c6-g6　29. 后 c3-e5 象 d7-h3　30. 后 e5-g3

应走 30. 象 f1，黑方不可能阻碍住 a2-a4。实战黑方兑掉后，能及时进行
a6-a5 的突破。

　　30. … 后 g6：g3　31. h2：g3 象 h3-d7　32. 象 e2-d1 车 a8-c8？

黑方应该走 32. … a5。

　　33. a2-a4 a6-a5

现在这样走已经不好。

　　34. b4：a5

较简单的是走 34. ab，黑如接走 34. … 象：b5，则 35. 车：a5 或者 34. …
ab，则 35. c6。

　　34. … 车 c8：c5　35. a4：b5 车 c5：b5　36. a5-a6 车 b5-b8　37. a6-a7
车 b8-a8　38. 车 a1-a5 象 d7-c6　39. 王 g1-f1 王 g8-f8　40. 王 f1-e2 王 f8-e7

41. 王 e2-d2 王 e7-d6　42. 王 d2-c3 王 d6-c7　43. 王 c3-d4 王 c7-b6

44. 车 a5-a2 车 a8：a7

立刻输掉，但其他走法也不能改变结局。

　　45. 车 a2：a7 王 b6：a7　46. 象 d1-b3 王 a7-b6　47. 象 b3：d5 象 c6：d5

48. 王 d4：d5

白胜。

在国际象棋协会里所下的对局
（1924 年 6 月）

第 4 局　荷兰防御

阿布拉莫维奇——鲍特维尼克

1. d2-d4 f7-f5　2. 马 g1-f3 马 g8-f6　3. c2-c4 e7-e6　4. 马 b1-c3 b7-b6　5. 象 c1-g5 象 f8-e7　6. e2-e3 象 c8-b7　7. 象 f1-d3 0-0　8. 0-0 马 f6-e4　9. 象 g5:e7 后 d8:e7　10. 车 a1-c1 马 b8-a6　11. a2-a3 车 f8-f6　12. 后 d1-a4?

白方轻蔑地对待自己年轻对手的意图。此时局面必须采取手段防守：12. 象:e4 或者马 e2。

12. … 马 e4:c3　13. 车 c1:c3 象 b7:f3　14. 后 a4:a6

走 14. gf 输棋，因为 14. … 车 g6+ 王 h1 后 g5。

14. … 车 f6-g6　15. g2-g3（图 4）
后 e7-g5

改走 15. … 后 h4，威胁下一步 16. … 后:h2+黑方速胜。

16. 车 f1-e1 后 g5-h5　17. e3-e4

如改走 17. 象 f1 车 h6　18. h3 后:h3！或者 18. h4 g5 都无法挽救。

17. … 后 h5:h2+

白方认输。

图 4

无等级比赛
（1924 年 6～8 月）

第 5 局　吃后翼弃兵

鲍特维尼克——季莫菲耶夫

1. d2-d4 d7-d5　2. c2-c4 d5:c4　3. 马 g1-f3 马 g8-f6　4. e2-e3 e7-e6
5. 象 f1:c4 象 f8-b4+　6. 马 b1-c3 a7-a6　7. 后 d1-c2 马 f6-d7?　8. e3-e4
马 b8-c6　9. 象 c1-e3 马 c6-a5　10. 象 c4-d3 马 d7-b6　11. a2-a3 象 b4-d6
12. 车 a1-d1 0-0?　13. e4-e5 象 d6-e7　14. 象 d3:h7+ 王 g8-h8　15. 后 c2-e4

应当退象至 d3 或者 e4。后 e4 之
后黑方应走 15. … 马 d5，利用 16. … f5
有得子的威胁。

15. … g7-g6　16. 象 h7:g6 f7:g6
17. 后 e4:g6 车 f8-f5 （图 5）

如走 17. … 后 e8　18. 后 h6+
王 g8　19. h4，白方的攻势不可抵御。

18. d4-d5! 马 b6:d5

假如走 18. … 后 g8，则 19. 后:g8+
王:g8　20. d6!，黑方难办。

图 5

19. 马 c3:d5 e6:d5　20. e5-e6
车 f5-f6　21. 象 e3-d4 象 c8:e6　22. 马 f3-g5 象 e6-g8　23. 后 g6-h6+
黑方认输。

第6局　后翼弃兵

鲍特维尼克——别古诺夫

1. d2-d4 d7-d5　2. c2-c4 e7-e6　3. 马g1-f3 马b8-c6　4. c4:d5 e6:d5
5. 马b1-c3 象f8-b4　6. 象c1-d2 马g8-f6　7. e2-e3 马f6-e4?　8. 马c3:e4
d5:e4　9. 象d2:b4 e4:f3

如走9. … 马:b4　10. 后a4+ 马c6，白方可在两种走法之间做选择：
11. 马e5 象d7　12. 马:d7 后:d7　13. 象b5 或11. 马d2，都有明显的优势。

10. 象b4-a3 f3:g2　11. 象f1:g2 马c6-e7　12. 后d1-a4+ c7-c6

13. 象a3:e7 王e8:e7

如13. … 后:e7，白有14. 象:c6+。

14. 车a1-c1 后d8-d6　15. 0-0
车h8-d8（图6）

16. d4-d5！

充分利用自己的出子优势以及黑
王的不利位置。

16. … c6:d5　17. 后a4-h4+ 后
d6-f6

走17. … 王f8 比较好。

18. 车c1-c7+ 王e7-f8

图6

19. 后h4:h7 后f6-h6　20. 后h7:h6 g7:h6　21. 车f1-d1 车d8-d7
22. 车c7:d7 象c8:d7　23. 象g2:d5 车a8-b8

又丢一兵，但在23. … 象e8，24. 车d4 之后，黑方残局依然艰难。

24. 象d5:f7 王f8-e7　25. 象f7-d5 b7-b6　26. 车d1-d4 王e7-f6
27. 象d5-b3 象d7-f5　28. 车d4-f4 王f6-g5　29. 象b3-f7 车b8-c8
30. h2-h4+ 王g5-f6　31. e3-e4 王f6:f7　32. 车f4:f5+

白方胜。

第7局 古印度防御

安德烈耶夫——鲍特维尼克

1. d2-d4 马g8-f6 **2.** 马g1-f3 g7-g6 **3.** c2-c4 象f8-g7 **4.** e2-e3 d7-d6
5. 马b1-c3 0-0 **6.** 象f1-d3 马b8-c6 **7.** 0-0 e7-e5 **8.** d4:e5 d6:e5
9. e3-e4 象c8-e6 **10.** 象c1-g5 后d8-d6 **11.** 象d3-e2

较有力的是走11. 马b5 或者11. 马d5。

11. … 后d6-c5 **12.** 马c3-d5 马f6:e4 **13.** 马d5:c7 车a8-c8 **14.** 马
c7:e6 f7:e6 **15.** 象g5-e3 马c6-d4 **16.** a2-a3 马d4:e2+

不应兑掉这只有力的马。在16. … 车fd8 之后，白方自行兑到d4 是迟早的事，黑方收获一个通路兵。

17. 后d1:e2 后c5:c4 **18.** 后e2:c4 车c8:c4 **19.** 象e3:a7 车c4-c2
20. 车a1-b1 马e4-c5 **21.** 马f3-g5 车f8-e8 **22.** 车f1-c1?

严重错误。应22. 象:c5 车:c5
23. 马e4，白方残局较好。

22. … 车c2-c1+ **23.** 车b1:c1
马c5-d3 **24.** 车c1-c2 （图7）

24. … e5-e4！ **25.** 马g5:e4
车e8-a8 **26.** 车c2-d2 象g7:b2

黑如26. … 马:b2，白有27. 象c5。

27. 车d2:d3 车a8:a7 **28.** 车d3-d8+
王g8-g7 **29.** 车d8-d7+ 王g7-h6

尽管看起来危险，但黑方赢棋的
欲望强烈。

图7

30. g2-g4 象b2:a3 **31.** g4-g5+ 王h6-h5 **32.** 车d7:h7+?

应改走32. h3！h6 33. 车h7 象f8，此时白方或34. 车h8 象g7 35. 车
h7 加速和棋；或34. gh g5 35. 车g7！王:h6 36. 车:g5 白方有很大机会。

32. … 王h5-g4 **33.** h2-h3+ 王g4-f4 **34.** 车h7-h4+ 王f4-f5 **35.** 马e4-g3+

白方的最后几步棋只是帮了对方的忙。

35. … 王 f5:g5　36. 车 h4-g4+　王 g5-f6　37. 马 g3-e4+　王 f6-g7　38. h3-h4
车 a7-a5　39. 车 g4-g5　车 a5:g5+　40. h4:g5　象 a3-b4　41. 王 g1-f1　王 g7-f7
42. 王 f1-e2　e6-e5　43. f2-f3　王 f7-e6　44. 马 e4-f2　王 e6-f5　45. f3-f4　e5:f4
46. 马 f2-d3　象 b4-d6

白方认输。

2级和3级比赛
（1924年10月）

第8局　西班牙布局

鲍特维尼克——马赫林

1. e2-e4　e7-e5　2. 马g1-f3　马b8-c6　3. 象f1-b5　d7-d6　4. d2-d4 象c8-d7　5. 马b1-c3　e5：d4　6. 马f3：d4　马c6：d4　7. 后d1：d4　马g8-e7 8. 象c1-g5　f7-f6　9. 象g5-e3　马e7-c6

应当兑掉b5象，它在a2-g8斜线上的存在将对黑方不利。

10. 后d4-d2　a7-a6　11. 象b5-c4　马c6-e5　12. 象c4-b3　c7-c6　13. 0-0 b7-b5　14. a2-a4　b5-b4　15. 马c3-e2　a6-a5　16. f2-f4　马e5-f7

改走16. … 马g4也不好。

17. 马e2-d4　象f8-e7 （图8）
18. e4-e5！ d6：e5　19. 象b3：f7+ 王e8：f7　20. f4：e5　车h8-f8

21. 后d2-e2　王f7-g8　22. e5-e6 象d7-e8　23. 后e2-c4　后d8-d5？

导致失子。唯一能保持子力平衡的走法是23. … 王h8　24. 马f5　车g8，即便这样黑方也难逃一劫。

24. 后c4：d5　c6：d5　25. 马d4-f5 象e7-d8　26. e6-e7　车f8-f7
27. e7：d8升后　车a8：d8　28. 象e3-b6

白胜。

图8

第9局 意大利布局

鲍特维尼克——加里宁

1. e2-e4 e7-e5 2. 马 g1-f3 马 b8-c6 3. 象 f1-c4 马 g8-f6 4. 0-0
象 f8-c5 5. d2-d3 d7-d6 6. 象 c1-e3 象 c5-b6 7. 马 b1-d2 0-0 8. c2-c3
象 c8-g4 9. h2-h3 象 g4-h5 10. 车 f1-e1 后 d8-e7

现在黑方局势十分困难。此时必须走 10. … d5，白如 11. ed 马：d5
12. 象：b6 ab 13. g4 象 g6 14. 马：e5 马：e5 15. 车：e5，则 15. … 马 f4。

11. g2-g4 象 h5-g6 12. 马 f3-h4 王 g8-h8 13. 马 h4-f5 后 e7-d7
14. 后 d1-f3 车 a8-e8 15. 马 d2-f1 马 c6-d8 16. h3-h4 象 b6：e3 17. f2：e3
马 d8-e6 18. 马 f1-g3 马 e6-c5 19. g4-g5 马 f6-g8 20. h4-h5 象 g6：f5
21. 马 g3：f5

较精确的是走 21. ef。

图 9

21. … 后 d7-d8？

利用白方的不精确，可走 21. …
g6，白如 22. 马 h6，则 22. … 马：h6
23. 后 f6+ 王 g8 24. gh 马 e6。

22. 王 g1-f2 马 g8-e7（图 9）

再走 22. … g6 也不迟。

23. h5-h6！

不能走 23. 马：g7，由于 23. … 王：g7
24. 后 f6+ 王 g8 25. h6 马 e6
26. 象：e6 fe，后被牵制。

23. … g7-g6

若 23. … 马：f5 24. ef，黑方也难挽救败局。

**24. 马 f5-g7 f7-f5 25. g5：f6 d6-d5 26. 马 g7：e8 d5：c4 27. f6-f7
马 c5：d3+ 28. 王 f2-e2 马 d3：e1**

急于捞回半子，但忘记了自己的王。

29. 后 f3-f6×#

白胜。

2 级比赛
（1924 年 12 月）

第 10 局　西班牙布局

兹班杜托——鲍特维尼克

1. e2-e4 e7-e5　2. 马 g1-f3 马 b8-c6　3. 象 f1-b5 a7-a6　4. 象 b5-a4 马 g8-f6　5. 0-0 象 f8-e7　6. 车 f1-e1 b7-b5　7. 象 a4-b3 d7-d6　8. c2-c3 马 c6-a5　9. 象 b3-c2 c7-c5　10. d2-d4 后 d8-c7　11. h2-h3 0-0　12. 马 b1-d2 马 a5-c6

早年时期鲍特维尼克擅长的走法是以 1. … e7-e5 应对 1. e2-e4 并且在西班牙布局中采用齐果林体系。

13. d4-d5 马 c6-d8　14. 马 d2-f1 马 d8-b7　15. 象 c1-g5 h7-h6
16. 象 g5:f6

在这步兑之后白方已经不可能指望开局取得优势。

16. … 象 e7:f6　17. 马 f1-e3 象 c8-d7　18. g2-g4 g7-g6　19. 王 g1-g2 象 f6-g7　20. 车 e1-h1 c5-c4
21. 后 d1-d2 马 b7-c5　22. 车 a1-g1 a6-a5 （图 10）

双方的计划已确定：白方在王翼上进攻，而黑方在后翼。

23. 王 g2-f1 车 a8-b8　24. a2-a3 削弱对方的意图。

24. … 马 c5-a6　25. h3-h4 b5-b4　26. h4-h5?

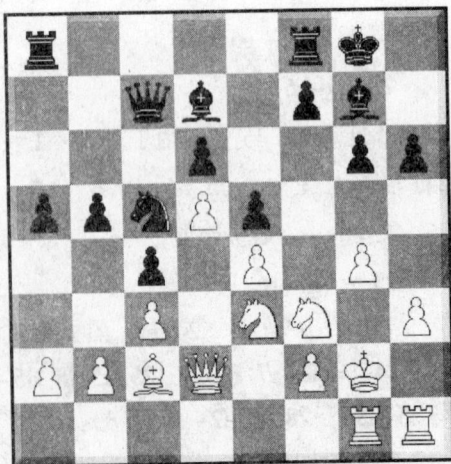

图 10

白方已开始考虑防守。其实可走 26. 马 f5！弃子，例如，26. … gf 27. gf 王 h7 28. 马 g5+！hg 29. hg+ 王 g8 30. 后 e2，白方攻势强大；或者 27. … 王 h8 28. f6；或者 27. … 王 h7 28. 马 g5+ 王 h8 29. f6 象：f6 30. 马：f7+ 车：f7 31. 后：h6+。

26. … g6-g5 27. 马 e3-f5 象 d7：f5 28. g4：f5 f7-f6 29. 王 f1-g2
必须把车反向调往后翼。

29. … 车 b8-b6 30. 车 g1-c1
白方有 31. cb ab 32. 象 d3 的威胁。

30. … b4：a3 31. b2：a3 马 a6-c5 32. 车 c1-b1 马 c5-b3 33. 后 d2-e3 车 f8-b8 34. 马 f3-d2 象 g7-f8 35. a3-a4 象 f8-e7 36. 车 b1-b2
当黑象的位置在 f8 时这一着不能走，因为 36. … 马 a1！黑方夺得 b 线。现在此情形下白方有 37. 车：b6 马：c2 38. 车：b8+。

36. … 马 b3：d2 37. 车 b2：b6 车 b8：b6 38. 后 e3：d2 象 e7-d8 39. 车 h1-b1 后 c7-c5 40. 车 b1：b6 象 d8：b6 41. 象 c2-d1 王 g8-f7 42. 王 g2-g3 王 f7-e7 43. 后 d2-b2
和棋。

第 11 局　古印度防御
鲍特维尼克——佛里加

1. d2-d4 马 g8-f6 2. 马 g1-f3 g7-g6 3. 象 c1-f4 象 f8-g7 4. 马 b1-d2 0-0 5. h2-h3 b7-b6 6. e2-e4 象 c8-b7 7. 象 f1-d3 d7-d6 8. 0-0 马 b8-d7 9. 后 d1-e2 c7-c5 10. c2-c3 后 d8-c7
后同白象布置到一条斜线上不利。最好是走 10. … 马 h5 11. 象 h2 e5。

11. 象 d3-a6
这一手法是在黑方随后走法的结果下被证实有效。走 11. 象 h2 比较好。

11. … 象 b7：a6 12. 后 e2：a6 马 f6-h5 13. 象 f4-h2 e7-e5 14. 马 d2-c4 f7-f5
基于这一着产生的复杂局面不利于黑方。

15. d4：e5 f5：e4 16. 马 f3-g5 马 d7-b8

如走 16. … d5 17. 马 e6 后 c8 18. 后：c8 车 f：c8 19. 马 d6 车 c6 20. 车 d1，白方形势好。不过，黑方可试图弃半子争取反先机会，即 17. … 后 c6 18. 马：f8 车：f8 19. 马 e3 马：e5 等。白方假如走 17. e6，黑则马 e5！。

17. e5：d6 后 c7-c6 18. 后 a6-a3 后 c6-d5（图 11）

19. 后 a3-b3！ 王 g8-h8

黑方等于少半子。他应当走 19. … 后：g5。白方可在两种走法中作选择：20. 马 b6+ 王 h8 21. 马：a8 象 e5 以及 20. 马 e5+ 王 h8 21. 马 f7+ 车：f7 22. 后：f7 后 d8 23. 车 e1。

20. 马 c4-e5！ 后 d5：b3 21. a2：b3 象 g7：e5

白方伏有 d6-d7、马 f7+ 和马 e6 的手段。

图 11

22. 象 h2：e5+ 王 h8-g8 23. 马 g5-e6 马 b8-c6 24. 马 e6：f8 马 c6：e5 25. 马 f8-e6 车 a8-e8 26. 马 e6-c7 车 e8-d8 27. 马 c7-b5 a7-a5 28. b3-b4！ a5：b4 29. 车 a1-a7 b4-b3 30. 车 f1-a1 王 g8-f8 31. 车 a7-e7 马 e5-c4 32. 车 e7：h7 马 h5-f6 33. 车 h7-h8+ 马 f6-g8 34. 车 a1-a7 马 c4：b2 35. 车 h8-h7 马 g8-f6 36. 车 h7-f7+ 王 f8-g8 37. 车 f7：f6

黑方认输。

友谊对抗赛
（1925 年 2 月）

第 12 局　古印度防御

鲍特维尼克——留托夫

1. d2-d4 马 g8-f6　2. 马 g1-f3 d7-d6　3. c2-c4 象 c8-f5　4. g2-g3 马 b8-d7
5. 象 f1-g2 c7-c6　6. b2-b3 h7-h6　7. 象 c1-b2 e7-e6　8. 0-0 d6-d5
9. 马 b1-d2

对局由印度防御转换到列奇开局。年轻的鲍特维尼克的下法表现出他对这一复杂体系深刻的理解。

9. … 象 f8-e7　10. 马 f3-e5 马 d7:e5

这会使白方在中心上开始积极的行动。走 10. … 0-0 比较好。

11. d4:e5 马 f6-d7　12. c4:d5 c6:d5　13. e2-e4! d5:e4　14. 马 d2:e4
象 f5:e4

不然一着马 d6 将对黑方不利。

15. 象 g2:e4 车 a8-b8

较有利的是走 15. … 马 c5。

16. 后 d1-f3

对局至此，白方很果断。

16. … 马 d7-c5　17. 象 e4-c2 后 d8-b6　18. 后 f3-g4 王 e8-f8　19. 车
a1-d1 后 b6-c6　20. 后 g4-f4 g7-g5

既阻碍了对方 21. 象 g6，又有进攻意味。

21. 后 f4-e3 h6-h5　22. f2-f4 g5-g4　23. f4-f5 h5-h4　24. f5-f6

值得注意的是，24. 车 d6 象:d6　25. ed 车 g8　26. fe，有强大攻势。

24. … 象 e7-d8　25. 象 b2-a3 王 f8-e8?

导致速败。也不可 25. … b6，因为 26. b4。但是走 25. … 象 b6　26. 象 e4
后 c7　27. 车 c1　车 c8　28. 车 f2　王 e8，黑方尚可抵抗一阵。

26. 象 a3:c5 车 b8-c8（图 12）

黑方期望捞回一子。

27. 车 d1:d8+！车 c8:d8

如 27. … 王:d8，则 28. 象 e7+。

28. 象 c2-e4 后 c6-a6　29. 象 c5-e7
h4:g3　30. 后 e3:g3 车 d8-d2
31. 后 g3-c3 后 a6-b6+　32. 象 e7-c5
后 b6-c7　33. 后 c3:d2 后 c7:c5+
34. 后 d2-f2

白胜。

图 12

列宁格勒企业团体赛
（1925年2月）

第13局　西班牙布局

李甫林——鲍特维尼克

1. e2–e4 e7–e5　2. 马g1–f3 马b8–c6　3. 象f1–b5 a7–a6　4. 象b5–a4
马g8–f6　5. 0–0 象f8–e7　6. 车f1–e1 b7–b5　7. 象a4–b3 d7–d6　8. c2–c3
0–0　9. d2–d4

通常在这里走9. h3。对局中的着法9. d4有些冒失，但是黑方在此情形下
还未找到可靠的着法。

9. … 象c8–g4　10. 象c1–e3 e5∶d4　11. c3∶d4 马c6–a5

这匹马其实并不灵活。正确的是走11. … d5！，黑方监控中心格。

12. 象b3–c2 马a5–c4　13. 象e3–c1 c7–c5　14. b2–b3 马c4–a5

即使黑方不能攻击d4兵，但仍然应该走14. … 马b6。

15. d4–d5！

有一定意义！黑a5马长时间被排除在局外，仅此一点便可允许某种不便。

15. … 马f6–d7　16. 象c1–b2 象e7–f6　17. 象b2∶f6 后d8∶f6　18. 马b1–d2
马d7–e5　19. h2–h3

鲍氏的解说：搞清局势。当我进行兑换时相信对黑方有利，白方的兵沿着
f线重叠。可叹！黑方兑掉自己所有积极的子，而a5坏马却留存下来。残局
明显于白方有利。

19. … 象g4∶f3　20. 马d2∶f3 马e5∶f3+　21. 后d1∶f3 后f6∶f3　22. g2∶f3
车f8–e8　23. f3–f4 f7–f6　24. 车e1–e3 车e8–e7　25. 王g1–g2 车a8–e8
26. 车a1–e1 王g8–f7　27. 王g2–f3 g7–g6　28. 王f3–g4 王f7–g7

鲍氏的解说：由于走e4–e5，黑方受拘，因此他在等待白方找到正确的计

划。他开始向前推进 h 兵，瞅机会为车打开 h 线。

29. h3–h4 马 a5–b7 30. 象 c2–d3

白方突然且毫无理由地改变了计划：他准备走 a2–a4。黑方当然无法干预。

30. ⋯ 王 g7–f7 31. a2–a4?（图 13）

终于这样！现在黑方采用反先手段（按照卡帕布兰卡——鲍格留勃夫的对局，1922 年，伦敦）并取得满意的残局。任何情形下，马在 a5 都不如马在 c5 的优异。

31. ⋯ c5–c4! 32. b3∶c4 b5∶a4

33. 象 d3–c2 马 b7–c5 34. 王 g4–f3

图 13

此后黑方掌握了 b 线，白方局势变得无望。也许唯一的且有充足机会是 34. 车 b1!

34. ⋯ 车 e8–b8 35. e4–e5 f6∶e5 36. f4∶e5 车 e7∶e5 37. 车 e3∶e5 d6∶e5

38. 车 e1∶e5 a4–a3 39. 车 e5–e3 a3–a2 40. 车 e3–a3 车 b8–b2 41. 象 c2–a4 马 c5–b3

加速胜利。

42. 象 a4∶b3 车 b2∶b3+ 43. 车 a3∶b3 a2–a1=（Q）

升后，黑胜。

第 14 局　西班牙布局

留托夫——鲍特维尼克

1. e2–e4 e7–e5 2. 马 g1–f3 马 b8–c6 3. 象 f1–b5 a7–a6 4. 象 b5–c4 马 g8–f6 5. d2–d3 象 f8–c5 6. 象 c1–e3 象 c5∶e3 7. f2∶e3 d7–d5 8. e4∶d5 马 f6∶d5 9. 象 c4∶d5 后 d8∶d5 10. 马 b1–c3 后 d5–d6 11. 0–0 象 c8–g4 12. 后 d1–e2 0–0 13. 马 c3–e4

以后白方缺乏思考的行为明显有别于黑方适宜的下法。

13. … 后 d6-h6　14. 王 g1-h1 f7-f5　15. 马 e4-g3 f5-f4　16. e3:f4 e5:f4

17. 马 g3-e4 车 f8-f5　18. 马 e4-d2 车 f5-h5

枪口瞄准白方的 h2 格。

19. 后 e2-f2

由于有 19. … 车:h2 的威胁，白方来不及走 20. c3，以防止黑马调移至 e3。

19. … 马 c6-b4！　20. 马 d2-e4
马 b4-d5　**21. 车 f1-e1 马 d5-e3**
22. 车 a1-c1（图 14）

22. … 象 g4-f5！

现在白方面对威胁已束手无策。

23. 马 e4-d2 g7-g5　24. 马 d2-f1
马 e3:f1　**25. 车 e1:f1 g5-g4**
26. 马 f3-h4 车 h5:h4　27. 后 f2:f4
后 h6:f4　**28. 车 f1:f4 象 f5-d7**

黑胜。

图 14

1级和2级比赛
（1925年3～4月）

第15局　后翼弃兵

雅戈德菲尔德——鲍特维尼克

1. d2-d4 马 g8-f6　2. c2-c4 c7-c6　3. 马 b1-c3 d7-d5　4. 马 g1-f3 d5:c4

鲍氏的解说：斯拉夫防御这一变化已经不时髦，或许由于应着5. a4。那时当走这样的布局时是因塔拉什的开局专集《后翼弃兵防御》翻译成俄文的书中，曾引用一个我们也会和对手"弹奏"一气儿的变化。

5. e2-e3 b7-b5　6. a2-a4 b5-b4　7. 马 c3-a2 e7-e6　8. 象 f1:c4 马 b8-d7
9. 0-0 象 c8-b7　10. 后 d1-e2 象 f8-e7　11. b2-b3 0-0　12. 象 c1-b2 c6-c5
13. 马 a2-c1 a7-a5　14. 车 f1-d1 后 d8-b6

一切都按塔拉什的方式。但以后将会清楚，较有力的是走14. …后 c7。此时黑方可以不失先地在 d4 兑，此外马 g4 的威胁也对白方不利。

15. 马 c1-d3 马 f6-e4　16. 马 d3-e5 马 d7:e5　17. 马 f3:e5 马 e4-c3
18. 象 b2:c3 b4:c3

在这里书本的变化结束了。不可走19. 马 d7，由于后 c6 击双，但是白方随后的着法对我来说出乎意料。

19. 车 a1-c1 c5:d4

脱离谱着后的第一步是错误的！必须走19. … 车 ad8！。黑方局势值得肯定：两只象可以给白方造成不少麻烦。

20. 车 d1:d4 后 b6-c7

失算。以后才明白这一着给了白方两先进攻棋。应走20. … 象 b4。

21. f2-f4 象 e7-b4　22. 车 d4-d7 后 c7-b6　23. f4-f5！

受到 c4-g8 斜线的威胁，黑方处于紧急状态。慌乱之中又犯下错误，此后攻势变得不可抵御。只有走 23. … 象 d5！他才可以击退威胁。

23. … 象 b4-d6　24. 马 e5：f7 车 f8：f7　25. 象 c4：e6 车 a8-f8

26. 车 c1：c3 象 d6-e5

在这里未必可以给黑方更好的建议。

27. 车 d7：f7 车 f8：f7　28. 后 e2-h5 g7-g6　29. 象 e6：f7+ 王 g8：f7

30. 后 h5：h7+ 王 f7-f8　31. f5：g6 象 e5-g7　32. 车 c3-c2

不能令人满意！正是此刻，在进攻完美地进行之后，我的对手产生疏忽。应预先走 32. h4！。

32. … 后 b6：e3+　33. 车 c2-f2+ 象 b7-f3！（图 15）

现在黑方有致命的威胁 34. … 后 e1+　35. 车 f1 象 d4+ 白方应加警惕。导致和棋的走法既有 34. h4 后 e1+ 35. 车 f1 象 d4+　36. 王 h2 象 e5+ 37. 王 g1；又有 34. gf 后 g5+ 35. 王 f1 后 c1+。实战白方决定放弃和局，打算

图 15

威胁将杀的同时掩护 d4 格。这些他都做到了，但却付出一个后的代价。

34. 后 h7-h4 后 e3-e1+　35. 车 f2-f1 后 e1：h4

白方认输。

第 16 局　后翼弃兵

鲍特维尼克——加米涅尔

1. 马 g1-f3 马 g8-f6　2. c2-c4 e7-e6　3. d2-d4 d7-d5　4. 马 b1-c3 d5：c4

5. e2-e3 马 b8-d7　6. 象 f1：c4 c7-c5　7. 0-0 c5：d4　8. e3：d4 后 d8-c7

急躁，影响黑方以后局势困难的原因之一。

9. 象 c4-b3 象 f8-e7　10. 车 f1-e1 0-0　11. 象 c1-g5 a7-a6　12. 车 a1-c1

后 c7-d8

就这样，黑方失去两先，出子明显落后。

13. 马 f3-e5 马 d7:e5

兑马后，白方优势变得更加明显。若改走 13. … 马 b6 白方的任务较复杂。

14. d4:e5 后 d8:d1 15. 车 e1:d1 马 f6-d5 16. 象 g5:e7 马 d5:e7

17. f2-f4 b7-b5 18. 马 c3-e2！

如走 18. 马 e4，黑方得到把象顺势引入局势的重要的一先。

18. … 车 a8-a7 19. 王 g1-f2 象 c8-d7 20. 马 e2-d4 车 f8-a8

如走 20. … 车 c8，白方可 21. 车:c8+ 马:c8 (21. … 象:c8? 22. 马:b5)

22. 马 c6 车 b7 23. 马 d8 车 c7 24. f5。

21. 车 c1-c5 王 g8-f8 22. 象 b3-c2 h7-h6 23. 象 c2-e4 车 a8-b8

24. 车 d1-c1 车 b8-c8 25. 王 f2-e3 王 f8-e8 26. h2-h4 王 e8-d8

27. 车 c5:c8+ 象 d7:c8 28. 马 d4-c6+ 马 e7:c6 29. 车 c1:c6 车 a7-c7?

决定性错误。必须立即走 29. … 车 d7。

30. 王 e3-d4 车 c7-d7+ 31. 车 c6-d6

现在兑车之后白王及时保住 d6 兵。

31. … 车 d7:d6 32. e5:d6 f7-f6

（图16） **33. b2-b4 王 d8-d7**

34. 王 d4-c5 g7-g6

用一兵的代价换取象到大斜线，但是这已经于事无补，走 34. … g5 35. 象 c6+ 王 d8 36. g3 gf 37. gf 情形也相同。

35. 象 e4:g6 象 c8-b7 36. g2-g4 e6-e5 37. 象 g6-f5+ 王 d7-d8

38. f4:e5 f6:e5 39. g4-g5

黑方认输。

图16

第17局　西班牙布局

维盖尔特———鲍特维尼克

1. e2-e4 e7-e5　2. 马 g1-f3 马 b8-c6　3. 象 f1-b5 a7-a6　4. 象 b5-a4 马 g8-f6　5.0-0 象 f8-e7　6. 车 f1-e1 b7-b5　7. 象 a4-b3 d7-d6　8. c2-c3 马 c6-a5　9. 象 b3-c2 c7-c5　10. d2-d4 后 d8-c7　11. h2-h3 马 a5-c6　12. 象 c1-g5 h7-h6　13. 象 g5:f6

与本书第10局中一样，这着兑换没有给黑方造成什么压力。

13. … 象 e7:f6　14. d4-d5 马 c6-e7　15. a2-a4 车 a8-b8　16. 马 b1-d2 马 e7-g6　17. a4:b5 a6:b5　18. c3-c4 0-0　19. 象 c2-d3

白方消极。最好是走 19. cb 象 d7（车:b5 20. 马 c4）　20. 象 d3 象:b5 21. 象:b5 车:b5　22. 马 c4，力争以后利用 a 线。

19. … 马 g6-f4　20. 象 d3-f1 b5-b4　21. 马 d2-b3 王 g8-h7　22. 王 g1-h2 象 f6-d8　23. g2-g3 马 f4-g6　24. 象 f1-g2 f7-f5　25. 马 b3-d2 马 g6-e7　26. 马 f3-h4 g7-g6　27. 车 e1-f1 马 e7-g8　28. e4:f5 g6:f5　29. 后 d1-h5 后 c7-f7　30. 后 h5:f7+ 车 f8:f7

两只蓄势待发的象和有力的中心兵确定了黑方的局面优势。

31. 马 h4-f3 象 d8-f6

32. 车 f1-b1（图17）　32. … e5-e4!

33. 马 f3-h4 象 f6-d4　34. f2-f4

若 34. f3 e3　35. 马 b3 f4，更糟。

34. … 马 g8-f6　35. 象 g2-f1 车 f7-g7　36. 象 f1-e2 车 g7-b7　37. 车 a1-a6 车 b7-d7　38. 车 a6-c6 车 d7-d8　39. 车 c6:c8

图17

献出半子得双兵，白方寄希望以此取得反先。

39. … 车 b8:c8　40. 马 h4:f5

车 d8-d7　41. 王 h2-g2

不能走 41. 马：e4　马：e4　42. 象 d3，白有马 f2。

41. … 王 h7-g6　42. g3-g4　车 c8-a8　43. 马 d2-b3　车 a8-a2　44. 马 b3：d4 c5：d4　45. 马 f5：d4　车 d7-a7　46. 马 d4-b5　车 a2-a1　47. 车 b1：a1　车 a7：a1 48. b2-b3

不管后防的安危，如能 48. 马：d6 该多好呀！

48. … 车 a1-b1　49. 马 b5-d4　马 f6-d7　50. 王 g2-f2　马 d7-c5　51. 马 d4-b5

白马无能为力。

51. … 车 b1：b3　52. 马 b5：d6　车 b3：h3　53. f4-f5+　王 g6-f6　54. 马 d6-b5　b4-b3　55. 王 f2-g2　b3-b2

白方认输。

第18局　西班牙布局

纳德波罗日斯基——鲍特维尼克

1. e2-e4　e7-e5　2. 马 g1-f3　马 b8-c6　3. 象 f1-b5　a7-a6　4. 象 b5-a4 马 g8-f6　5. 0-0　象 f8-e7　6. c2-c3

这着棋不恰当，让黑方毫无困难地将局势扯平。

6. … 马 f6：e4　7. 后 d1-e2　马 e4-c5　8. 象 a4：c6　d7：c6　9. 马 f3：e5　0-0 10. d2-d4　马 c5-d7　11. f2-f4　马 d7：e5　12. f4：e5　象 c8-e6　13. 马 b1-d2　c6-c5 14. 马 d2-f3　c5：d4　15. 马 f3：d4　后 d8-d7　16. h2-h3　c7-c5　17. 马 d4-f3

白白地给对方留下两个有力的象。

17. … 后 d7-b5　18. 后 e2-e4　h7-h6　19. b2-b3　后 b5-d7　20. 象 c1-e3 象 e6-f5　21. 后 e4-f4　象 f5-d3　22. 车 f1-f2　后 d7-f5　23. 后 f4-g3

白方避兑是担心 e 兵弱点在残局中起作用，或者造成进攻态势的假象。

23. … 后 f5-g6　24. 后 g3-f4　后 g6-e4　25. 后 f4-g3（图18）

此时局面，两个车要强于一个后。也许白方只是没有顾及黑方的第26着
——主动弃后，加速作杀。

25. ··· 后 e4：e3　26. 车 a1-e1

象 e7-g5！　27. 车 e1：e3 象 g5：e3

28. 马 f3-e1 象 e3：f2+　29. 王 g1：f2

象 d3-b5　30. c3-c4 象 b5-c6

31. 马 e1-d3 车 a8-d8　32. 王 f2-e3

车 d8-d4！　33. 马 d3：c5 车 f8-d8

34. e5-e6 f7-f5　35. e6-e7 车 d8-d6

36. 后 g3-e5

最后阶段，鲍特维尼克的着法简
单而自信。

36. ··· f5-f4+

白方认输。

图 18

友谊对抗赛
（1925 年 6 月）

第 19 局　新印度防御
李甫林——鲍特维尼克

1. d2–d4 马 g8–f6　2. c2–c4 e7–e6　3. 马 b1–c3 b7–b6　4. e2–e4 象 f8–b4

5. 象 f1–d3 象 c8–b7　6. 后 d1–e2

后在此处位置不佳，应走 6. f3 或者 6. 后 c2。

6. … c7–c5　7. d4–d5 0–0

8. 象 c1–e3 e6:d5　9. c4:d5 车 f8–e8

10. f2–f3（图 19）

10. … 象 b7:d5！

精准的计算。

11. e4:d5 马 f6:d5　12. 象 d3:h7+
王 g8–h8

当然如此。不能走 12. … 王:h7，
由于 13. 后 d3+ 再 14. 后:d5。

13. 象 h7–e4 马 d5:c3　14. b2:c3
象 b4:c3+　15. 王 e1–f2 象 c3:a1

图 19

16. 象 e4:a8 象 a1–d4　17. 象 a8–e4 d7–d5

沿着 e 线牵制白子在本局中重复出现。

18. 象 e3:d4 c5:d4　19. h2–h4 f7–f5　20. f3–f4 d5:e4　21. 后 e2–h5+
王 h8–g8　22. 马 g1–h3 e4–e3+　23. 王 f2–g3 马 b8–d7　24. 马 h3–g5 马 d7–f6
25. 后 h5–f7+ 王 g8–h8　26. h4–h5 后 d8–e7　27. 后 f7–g6 e3–e2　28. 马 g5–f7+

不能走 28. h6，由于 e1 升后+　29. 车:e1 后:e1+　30. 王 h3 后 h1+

31. 王 g3 车 e3+ 32. 马 f3 后：h6。

28. … 王 h8-g8 29. 马 f7-e5 马 f6-g4 30. 马 e5-f3 后 e7-e6 31. 后 g6-g5 后 e6-f6 32. 车 h1-e1 d4-d3 33. 后 g5：f6 g7：f6

白方认输。

第20局 后翼弃兵

鲍特维尼克——李甫林

1. d2-d4 马 g8-f6 2. c2-c4 c7-c6 3. 马 b1-c3 d7-d5 4. e2-e3 e7-e6 5. 象 f1-d3 象 f8-e7 6. 马 g1-f3 马 b8-d7 7. 0-0 0-0 8. e3-e4 d5：e4 9. 马 c3：e4 马 f6：e4 10. 象 d3：e4 象 e7-f6

较精确的是走 10. … 马 f6 11. 象 c2 c5。

11. 后 d1-c2 g7-g6 12. 象 c1-h6 车 f8-e8

走 12. … 象 g7 比较好。

13. 车 a1-d1 象 f6-h8 14. h2-h4 f7-f5

e6-e5，会削弱 a2-g8 斜线，鲍特维尼克则会立刻加以利用。

15. 象 e4-d3 e6-e5（图20）

16. c4-c5！马 d7-f8 17. 象 d3-c4+ 象 c8-e6 18. d4：e5 后 d8-e7 19. 马 f3-g5 象 e6：c4 20. 后 c2：c4+ 马 f8-e6 21. 车 d1-d6

黑方认输。

图 20

1 级比赛
（1925 年 7～8 月）

第 21 局　后翼弃兵

鲍特维尼克——李甫林

1. d2-d4 马 g8-f6　2. c2-c4 e7-e6　3. 马 b1-c3 d7-d5　4. 象 c1-g5 马 b8-d7　5. e2-e3 象 f8-e7　6. 车 a1-c1 0-0　7. 马 g1-f3 c7-c6　8. 象 f1-d3 d5:c4　9. 象 d3:c4 马 f6-d5　10. 象 g5:e7 后 d8:e7　11. 后 d1-c2

在这里较常见的是走 11. 0-0 或者阿列亨的着法 11. 马 e4，白方实战所选择的走法也有其用意。

11. … b7-b6?

错误。应当先走 11. … 马:c3　12. 后:c3，再走 b6 随后 c5。

12. 马 c3:d5 c6:d5

如 12. … ed，白则 13. 象 d3。

13. 象 c4-d3 h7-h6　14. 0-0 车 f8-e8　**15. 后 c2-c7** 马 d7-f6

16. 车 c1-c2 象 c8-b7　**17. 车 f1-c1** 王 g8-f8　**18. 马 f3-e5** 马 f6-e4（图 21）

图 21

此时白方可以得子，19. 马 d7＋ 王 g8　20. 后:b7 马 d6　21. 后 c7，不可走车 ec8，由于 22. 马 f6＋，黑方已经没有合适的走法。之前如改走 18. … 车 ec8 或者车 ac8，接下走 19. 后:e7＋ 王:e7　20. 车 c7＋。

19. 象 d3-h5 后 e7:c7　20. 车 c2:c7 车 e8-c8　21. 车 c7:f7＋ 王 f8-g8

22. 车 c1-c7　车 c8：c7　23. 车 f7：c7　车 a8-c8　24. 车 c7：c8+ 象 b7：c8
25. 马 e5-c6　a7-a6

已不可避免再损失一个兵。

　26. 马 c6-e7+ 王 g8-f7　27. 马 e7：c8　a6：b5　28. 马 c8：b6　王 f7-e7
29. a2-a4　b5：a4　30. 马 b6：a4　王 e7-d7　31. 马 a4-c5+ 王 d7-c6　32. 马 c5：e4
d5：e4　33. f2-f3

黑方认输。

第 22 局　格林菲尔德防御
鲍特维尼克——兹维列夫

　1. d2-d4　马 g8-f6　2. c2-c4　g7-g6　3. 马 b1-c3　象 f8-g7　4. 马 g1-f3
d7-d5　5. 象 c1-f4　c7-c6　6. e2-e3　马 f6-e4　7. c4：d5　马 e4：c3　8. b2：c3
后 d8：d5　9. 象 f1-d3　象 c8-f5　10. 0-0　象 f5：d3　11. 后 d1：d3　后 d5-f5
12. 后 d3-c4　0-0　13. 车 a1-b1　b7-b5　14. 后 c4-e2　马 b8-d7　15. 象 f4-g3
e7-e5　16. e3-e4　后 f5-h5 （图 22）

白后长时间身处局外。走 16. …
后 e6 比较好。

　17. d4-d5　c6：d5　18. 车 b1：b5
d5：e4　19. 后 e2：e4　车 a8-e8
20. 后 e4-c6　马 d7-b8　21. 后 c6-b7
a7-a6　22. 车 b5-c5　象 g7-f6

导致失兵。但是走 22. … f6 看来
也有危险，第 7 横线被削弱。

　23. 马 f3：e5　车 e8-e7　24. 后 b7-d5
象 f6：e5　25. 象 g3：e5　车 f8-e8

如走 25. … 马 d7，白则 26. 象 d6！。

图 22

有可能缘起于此，黑方未注意到，走了自己的第 22 着。

　26. f2-f4　车 e7-d7　27. 后 d5-c4　车 d7-d2　28. 车 c5-c7　车 e8-f8

29. 象 e5-d4 后 h5-g4　30. 后 c4-d5 后 g4-e2　31. f4-f5 车 d2-d1　32. 后 d5-f3 后 e2:f3　33. g2:f3 车 d1-d2　34. f5:g6 h7:g6　35. 车 f1-f2 车 d2-d1+　36. 车 f2-f1 车 d1-d2　37. 车 f1-f2 车 d2-d1+　38. 王 g1-g2

白方获胜。

第23局　双马防御

彼尔菲里耶夫——鲍特维尼克

1. e2-e4 e7-e5　2. 马 g1-f3 马 b8-c6　3. 象 f1-c4 马 g8-f6　4. d2-d4 e5:d4　5. 0-0 马 f6:e4　6. 车 f1-e1 d7-d5　7. 象 c4:d5 后 d8:d5　8. 马 b1-c3 后 d5-d8　9. 车 e1:e4+ 象 f8-e7　10. 马 f3:d4 f7-f5

鲍氏的解说：所有这一切都已从棋书中有了很好的了解。我的同事谢廖扎·加米涅尔（日后成为著名的排局家）能成功地执黑下这个变化，我也从他那儿学会了 11. 车 f4 0-0　12. 马:c6 后:d1+　13. 马:d1 bc（见同拉高金的对局第72局）。

按照比赛形势，彼尔菲里耶夫必须得赢，以后双方的出招都应以此来做解释。

11. 象 c1-h6

在当时刚出版的塔尔塔科威尔《最现代国际象棋对局》一书中所载加尔特劳伯的着法。这一激进的着法我未曾准备，但是考虑到对手的心理，害怕和棋，迫使我的对手踏上险路。

11. … f5:e4　12. 象 h6:g7 马 c6:d4

下得巧妙。不担心13. 象:h8 马 f3+　14. gf 后:d1+　15. 车:d1 ef　16. 马 b5 象 d8　17. 象 e5 象 d7，白方不能指望取胜。因此不得不将军。

13. 后 d1-h5+ 王 e8-d7　14. 象 g7:d4

白方为了取胜，付出巨大代价。

14. … 车 h8-f8　15. 车 a1-d1 象 e7-d6　16. 后 h5-g4+ 王 d7-e8

17. 后 g4-h5+ 车 f8-f7　18. 马 c3-d5 象 c8-g4

黑方甘愿只多出半个子，使局面简单化。

19. 后 h5∶g4　象 d6∶h2+　20. 王 g1∶h2 后 d8∶d5　21. 象 d4-f6 后 d5-c6

22. 象 f6-h4 王 e8-f8　23. 后 g4-g5 h7-h6　24. 后 g5-e5 王 f8-g8

25. 车 d1-d5 车 a8-e8　26. 后 e5-h5 王 g8-g7　27. 象 h4-g3 后 c6-g6

28. 后 h5-d1 c7-c6　29. 车 d5-d6 车 e8-e6　30. 车 d6-d8 c6-c5！

　　d4 格必须置于监控之下。现在白方假如想继续进攻，不得已要把强子调往第 8 横线，但此时他自己的王缺乏掩护。

　　31. 车 d8-a8（图 23）

　　31. … e4-e3！

　　加速杀王，攻击的开始。

　　32. 后 d1-d8 后 g6-h5+

　　33. 象 g3-h4

　　如 33. 王 g1 e2　34. 后 h8+　王 g6

35. 车 g8+ 王 f5，白方的威胁穷竭。

　　33. … 车 e6-e8！

　　令人不快的意外！现在一切均已明朗。

　　34. 后 d8∶e8 后 h5∶h4+

图 23

35. 王 h2-g1 e3∶f2+　36. 王 g1-f1 后 h4-c4+

　　白方认输。

1 级比赛
（1925 年 10 ~ 11 月）

第 24 局　后翼弃兵

乌埃特——鲍特维尼克

1. d2-d4 d7-d5 **2.** c2-c4 e7-e6 **3.** 马 b1-c3 马 g8-f6 **4.** 象 c1-g5 马 b8-d7 **5.** 马 g1-f3 象 f8-b4 **6.** e2-e3 c7-c5 **7.** c4:d5 e6:d5 **8.** a2-a3

失去重要的一先。应 8. 象 d3 继续出子。

8. … 象 b4:c3+ **9.** b2:c3 后 d8-a5 **10.** 后 d1-b3 马 f6-e4 **11.** 车 a1-c1

此后白方迅速落入困难境地。也许弃兵能解决点问题：11. 象 b5 马:c3 12. 象:d7+ 象:d7 13. 0-0；假如 11. … 后:c3+，则 12. 后:c3 马:c3 13. 象:d7+ 象:d7 14. dc。

11. … c5-c4 **12.** 后 b3-b4 后 a5:b4 **13.** a3:b4（图 24）

略好一些的走 13. cb a5 14. b5 a4, b5, 兵也难保。

13. … a7-a5！ **14.** b4:a5

现在 c3 兵丢失。假如白方不在 a5 兑，在 14. … ab 之后，黑方有强劲的 c4 通路兵以及沿 a 线有棋。

14. … 车 a8:a5 **15.** 象 g5-f4 车 a5-a3 **16.** 马 f3-d2 车 a3:c3

17. 车 c1:c3 马 e4:c3 **18.** e3-e4 b7-b5 **19.** 象 f4-d6

以牺牲第二个兵的代价，力求阻止黑方通路兵的推进。19. ed 0-0 也挽救不了对局。

图 24

19. … 马 c3:e4　20. 马 d2:e4 d5:e4　21. 王 e1-d2 马 d7-b6　22. 象 f1-e2 王 e8-d7　23. 象 d6-c5 马 b6-d5　24. 车 h1-a1 象 c8-b7　25. 象 e2-g4+ 王 d7-c6　26. 象 g4-f5 车 h8-e8　27. 车 a1-e1 c4-c3+　28. 王 d2-c1 车 e8-a8 29. 象 f5:e4 车 a8-a1+　30. 象 e4-b1 b5-b4　31. 王 c1-c2 王 c6-b5

白方认输。

第 25 局　西班牙布局

普洛斯库林——鲍特维尼克

1. e2-e4 e7-e5　2. 马 g1-f3 马 b8-c6　3. 象 f1-b5 a7-a6　4. 象 b5-a4 马 g8-f6　5. 0-0 象 f8-e7　6. 车 f1-e1 b7-b5　7. 象 a4-b3 d7-d6　8. c2-c3 0-0　9. d2-d3 马 c6-a5　10. 象 b3-c2 c7-c5　11. 马 b1-d2 后 d8-c7 12. 马 d2-f1 马 a5-c6　13. 马 f1-e3 象 c8-e6　14. h2-h3

走 14. 马 g5 比较好。

14. … d6-d5　15. 后 d1-e2

导致局面拘谨，应该预先兑 15. ed 马:d5　16. 马:d5 象:d5　17. 后 e2。

15. … d5-d4　16. 马 e3-f5 象 e6:f5　17. e4:f5 象 e7-d6　18. 象 c1-g5 d4:c3　19. b2:c3 马 f6-d5　20. 象 g5-d2 b5-b4　21. c3-c4

必须走 21. cb，实战的走法没有发挥出白格象的威力。

21. … 马 d5-c3　22. 后 e2-e3 （图 25）

22. … 马 c6-d4！　23. 象 c2-b3 e5-e4！　24. 象 d2:c3

如走 24. de 象 f4　25. 后 d3 马:f3+ 26. gf 车 ad8　27. 象:f4 后:f4　28. 后 e3 后 h4　29. 王 h2 车 d4 或者 28. … 后:e3 29. 车:e3 车 d2，黑方的局面优势补偿了所弃的一兵。

图 25

24. … 马 d4:f3+ 25. g2:f3 象 d6-f4 26. 后 e3:e4 b4:c3 27. 王 g1-h1 车 a8-d8 28. f5-f6 g7-g6 29. 后 e4-e7 后 c7-c6 30. 后 e7-e4 后 c6:f6 31. 后 e4-e2 后 f6-f5 32. 后 e2-f1 象 f4-d2 33. 车 e1-e4 后 f5:f3+ 34. 后 f1-g2 后 f3:d3 35. 象 b3-d1 c3-c2 36. 象 d1-e2 后 d3-c3

白方认输。

第 26 局　新印度防御

鲍特维尼克——谢巴尔申

1. d2-d4 马 g8-f6 2. c2-c4 b7-b6 3. 马 b1-c3 象 c8-b7 4. 后 d1-c2 e7-e6 5. e2-e4 象 f8-b4 6. 象 f1-d3 d7-d5

走 6. … c5 比较好。

7. c4:d5 象 b4:c3+

帮白方加固了中心兵。

8. b2:c3 e6:d5 9. e4-e5 后 d8-e7 10. 马 g1-e2 马 f6-d7 11. 0-0 马 b8-c6 12. a2-a4 0-0-0 13. 象 c1-a3 后 e7-e8 14. f2-f4 马 c6-a5 15. f4-f5 c7-c5 16. 马 e2-f4 g7-g5（图 26）

可以用 16. … c4 17. 象 e2 马 b3 的办法给白方在后翼进攻上制造一些麻烦。

17. e5-e6

改走 17. 马 h5，白方在空间上的优势很明显。现在，黑方可以使己方子力活跃并使局势尖锐化，例如，17. … gf 18. ed+ 车:d7 19. dc 后 e3+ 20. 王 h1 d4 21. 车 ae1 后 h3 等。假如 19. 车 ae1，则 19. … 车 e7。

17. … 马 d7-f6 18. 象 d3-b5 后 e8-e7

使后处于很不利的位置。应走 18. … 象 c6。

图 26

19. d4:c5 b6:c5 20. 马f4-d3 马f6-e4 21. 象b5-d7+ 王c8-b8

22. 车a1-b1 王b8-a8 23. 车b1-b5 车d8:d7

弃半子不能挽救。如走23. … 马c4，白可接走24. 象:c5 马:c5 25. 马:c5 马a3 26. 后b3 马:b5 27. 后:b5 车b8 28. 马:b7 车:b7 29. 象c6等。

24. e6:d7 马a5-c4 25. 象a3:c5 后e7:d7 26. 象c5-d4 车h8-e8

27. 马d3-c5 马e4:c5 28. 车b5:c5 象b7-c6 29. 后c2-d3 象c6:a4

白方又打开了一条进攻路线，此时的胜负不再有异议。

30. 后d3-g3 象a4-c6 31. 车f1-a1 王a8-b7 32. 车c5:c4

黑方认输。

第27局　西班牙开局

多勃罗皮斯采夫——鲍特维尼克

1. e2-e4 e7-e5 2. 马g1-f3 马b8-c6 3. 象f1-b5 a7-a6 4. 象b5-a4 马g8-f6 5.0-0 象f8-e7 6. 车f1-e1 b7-b5 7. 象a4-b3 d7-d6 8. c2-c3 0-0 9. h2-h3 马c6-a5 10. 象b3-c2 c7-c5 11. d2-d4 后d8-c7 12. 马b1-d2 马a5-c6 13. d4-d5 马c6-d8 14. 马d2-f1 王g8-h8 15. 马f1-g3

较精确的是走15. g4。

15. … 马f6-g8 16. 马f3-h2 g7-g6 17. f2-f4

在王翼上打开局面对白方有利。

17. … 象e7-h4 18. 后d1-f3 f7-f5 19. e4:f5 象c8:f5 20. 象c2:f5 车f8:f5

也可以走20. … gf，以下不能走21. fe de 22. d6 后:d6！ 23. 后:a8 象:g3，e1车无处可退，因为如走24. 车f1，接下走24. … e4；而如走24. 车e2，则后d1+。

21. 马g3:f5 象h4:e1 22. 马f5-g3

最好是22. 马e3。假如走22. … 象h4，则23. fe，而如走22. … ef，可以走23. 马c2 象g3 24. 马f1等。

22. … 象e1:g3 23. 后f3:g3 (图27)

23. ⋯ e5-e4   24. c3-c4?

企图用这样的方法来掌控 a1-h8 斜线不能成功，因为 d4 格遭到削弱。

24. ⋯ 后 c7-g7！   25. 象 c1-d2 后 g7-d4+   26. 后 g3-e3 马 g8-f6 **27. 马 h2-g4 马 f6：g4   28. h3：g4** 后 d4：c4   **29. 后 e3-c3+**

在 29. 象 c3+ 王 g8   30. f5 马 f7 31. fg hg   32. 车 f1 后：d5   33. 车 f6 后 d1+，再 34. ⋯ 后 g4，黑方解除所有威胁。

图 27

29. ⋯ 后 c4-d4+   30. 后 c3：d4+

走 30. 象 e3，可以较持久地抵抗。

30. ⋯ c5：d4   31. 车 a1-e1 e4-e3   32. 象 d2-b4 车 a8-c8   33. 象 b4：d6 d4-d3   **34. 车 e1：e3 d3-d2   35. 车 e3-e8+ 王 h8-g7**

白方认输。

第 28 局   后翼弃兵

李甫林——鲍特维尼克

1. d2-d4 d7-d5   2. c2-c4 e7-e6   3. 马 b1-c3 马 g8-f6   4. 象 c1-g5 马 b8-d7   **5. e2-e3 象 f8-b4   6. 马 g1-f3 c7-c5   7. 后 d1-b3 后 d8-a5 8. 车 a1-c1 马 f6-e4**

早期阶段，鲍特维尼克在后翼弃兵中执黑的习惯下法是以进攻 c3 格为特征。

9. 象 g5-f4

在这里以及在下一着白方必须在 d5 兑。

9. ⋯ 0-0   10. a2-a3 象 b4：c3+   11. b2：c3 马 d7-b6   12. 象 f1-e2 象 c8-d7 **13. 0-0 象 d7-a4   14. 后 b3-b2 d5：c4   15. 象 f4-c7 象 a4-b3   16. 马 f3-e5**

后 a5-a6　17. f2-f3　马 e4-f6　18. 象 c7-d6　车 f8-c8　19. 后 b2：b3

白方挽回丢失的一兵，但处于 b3 的黑兵给他带来不少的麻烦。

19. … c4：b3　20. 象 e2：a6 b7：a6　21. 象 d6：c5 马 b6-a4　22. 象 c5-b4
马 f6-d5　23. 车 c1-b1 b3-b2

24. 马 e5-d3 马 d5：e3　25. 车 f1-f2
马 e3-c4（图 28）

26. 马 d3：b2

丢失半子必不可免，例如，26. 车 c2
a5　27. 象 e7 车 c7 等。

26. … 马 a4：b2　27. 车 f2：b2
马 c4：b2　28. 车 b1：b2 车 a8-b8

29. 车 b2-c2 车 c8-c4　30. 王 g1-f2
a6-a5　31. 象 b4：a5 车 b8-b5

32. 象 a5-b4 a7-a5

黑方获胜。

图 28

世界冠军卡帕布兰卡车轮赛
（1925年11月20日）

第29局　后翼弃兵
卡帕布兰卡——鲍特维尼克

鲍氏的解说：为与世界冠军隆重地会面，我穿上妈妈给我买的新的褐色斜领衬衫，朝着列宁格勒音乐馆走去。在不大的厅楼旁聚集了很多人，大厅里面气氛更是高涨热烈得如同挤满了人的浴室，在桌边能占据一席之地已非易事。有两位端坐在一把椅子上与我相熟的二级棋手慈悲地邀我坐到他们的身旁。大概卡帕布兰卡不会立刻弄明白，在我的棋盘上下棋的是何人，因为在他走完一着棋之后不知从侧面哪个位置伸手完成一着棋。世界冠军信心十足而且很干练。欢迎仪式之后，车轮赛开始……

1. d2-d4 d7-d5　2. c2-c4 e7-e6　3. 马 b1-c3 马 g8-f6　4. 象 c1-g5 马 b8-d7　5. e2-e3 象 f8-b4

开局的选择不会使你感到奇怪。当时对我们而言一切现代开局有印度防御、尼姆佐维奇防御、格林菲尔德防御以及老天爷送给我们的其他什么开局。我没有走正统防御而甘愿走不十分熟悉的变化，它在两年前获得一个名称叫维斯特法里斯基防御。

6. c4:d5 e6:d5　7. 后 d1-b3

不是最强有力的弈棋计划。尽人皆知，简单且有力的出子，即 7. 象 d3 便可保证白方占优。

7. … c7-c5　8. d4:c5

不正确。白方失掉一先，且没有任何理由地失去了对 c5 格的控制。

8. … 后 d8-a5　9. 象 g5:f6

引离 d7 马，此马对 c5 和 e4 有威胁。

9. ⋯ 马 d7∶f6　10. 0-0-0

这样的一着棋只有卡帕布兰卡在车轮赛中才会走出！走 10. a3 才有希望平局。现在白王将身处危险之中。

10. ⋯ 0-0　11. 马 g1-f3

当然，在 11. 马∶d5 马∶d5　12. 后∶d5 象 e6 之后白方的情况更糟。

11. ⋯ 象 c8-e6　12. 马 f3-d4 车 a8-c8　13. c5-c6（图 29）

卡帕布兰卡力求封住 c 线，子力损失已不可避免。

13. ⋯ 象 b4∶c3　14. 后 b3∶c3

白方被迫交出 a2 兵，因为走 14. bc 马 e4 更加不利。

14. ⋯ 后 a5∶a2　15. 象 f1-d3 b7∶c6

16. 王 c1-c2 c6-c5　17. 马 d4∶e6

自然，不能走 17. 车 a1，由于 cd 马∶e6 后再走 18. 车 a1 将令黑方不快。

17. ⋯ 后 a2-a4+！　18. b2-b3
后 a4-a2+　19. 后 c3-b2 后 a2∶b2+

20. 王 c2∶b2 f7∶e6　21. f2-f3 车 c8-c7

白方挺兵防止马 g4。而黑方抬车，计划调车从王翼转至 b 线，保证 c 兵的推进。

22. 车 d1 a1 c5-c4　23. b3∶c4 d5∶c4　24. 象 d3-c2 车 f8-b8+
25. 王 b2-c1 马 f6-d5　26. 车 h1-e1 c4-c3

黑方远行的兵、双车和马将给白方带来很大烦恼。为此白方建立车∶c3 的反威胁，防范黑车向 b2 格的渗入。

27. 车 a1-a3 马 d5-b4

现在有 28. ⋯ 马∶c2　29. 王∶c2 车 b2+的威胁。

28. 车 e1-e2 车 b8-d8

车不能渗入 b2 格，也许它能成功落到 d2 格！白如依旧维系着，29. 象 b3，接下走 29. ⋯ c2！　30. 象∶c2 车 dc8。

图 29

29. e3-e4 车c7-c6　30. 车e2-e3 车d8-d2　31. 车e3:c3 车d2:c2+

32. 车c3:c2 车c6:c2+

白方认输。

对于双方无可惭愧的一盘对局：须知卡帕布兰卡是一对三十的车轮大战，而我当时刚满 14 岁。

工会团体比赛
（1926年1月）

第30局　西班牙布局

伊里因·热涅夫斯基——鲍特维尼克

1. e2–e4 e7–e5　2. 马 g1–f3 马 b8–c6　3. 象 f1–b5 a7–a6　4. 象 b5:c6 d7:c6　5. 马 b1–c3 f7–f6　6. d2–d4 e5:d4　7. 后 d1:d4 后 d8:d4　8. 马 f3:d4 象 f8–d6　9. 马 c3–e2

也可 9. 象 e3。实战中的走法，白方打算跟黑方兑象。

9. … 马 g8–e7　10. 象 c1–f4 象 d6:f4　11. 马 e2:f4 王 e8–f7　12. 0–0–0 b7–b6　13. 车 h1–e1 g7–g5　14. 马 f4–d3 c6–c5　15. 马 d4–f3 马 e7–c6　16. b2–b3

由于必须防守黑方 c5–c4 的得子，以致来不及进兵 e4–e5。

16. … 象 c8–g4　17. h2–h3

如改走 17. e5，黑方应 17. … 象:f3　18. gf f5。值得注意的走法是 17. 车 e3 马 d4　18. 马 de1 等。

17. … 象 g4:f3　18. g2:f3 车 a8–d8　19. f3–f4 g5:f4　20. 马 d3:f4 马 c6–d4　21. 马 f4–d5 车 d8–d7　22. 车 d1–d3 车 h8–e8　23. 王 c1–d1 b6–b5　24. c2–c3 马 d4–e6　25. 王 d1–c2 c7–c6　26. 马 d5–f4 车 d7:d3　27. 马 f4:d3 车 e8–g8　28. 车 e1–e3 车 g8–g2　29. c3–c4

不该把 d4 格让给对方。

29. … h7–h5　30. 王 c2–c3 h5–h4

黑子的主动局面会找到他的机会。

31. e4–e5 f6–f5　32. 车 e3–f3 马 c6–d4　33. e5–e6+ 王 f7–e7　34. 车 f3–e3 b5–b4+（图30）

判处和棋。鲍特维尼克指出如下着法证明黑方优势的可能：

Ⅰ，35. 马：b4 车：f2 36. 马：a6 f4 37. 车 e1 马 e2+ 38. 王 d3 马 g3 39. 马：c5 车：a2；

Ⅱ，35. 王 d2 a5 36. 马：c5 车：f2+ 37. 王 d3 马 f3 38. 车 e2 车：e2 39. 王：e2 马 d4+ 40. 王 d3 马：e6。

图 30

列宁格勒第五届冠军赛
半决赛（1926 年 4 月 27 日至 5 月 29 日）

第 31 局　西班牙布局

多勃罗皮斯采夫——鲍特维尼克

1. e2-e4 e7-e5　2. 马 g1-f3 马 b8-c6　3. 象 f1-b5 a7-a6　4. 象 b5-a4 马 g8-f6　5. 0-0 象 f8-e7　6. 车 f1-e1 b7-b5　7. 象 a4-b3 0-0　8. c2-c3 d7-d6　9. h2-h3 马 c6-a5　10. 象 b3-c2 c7-c5　11. d2-d4 后 d8-c7　12. 马 b1-d2 马 a5-c6　13. d4-d5 马 c6-d8　14. 马 d2-f1 c5-c4　15. 马 f3-h2 马 d8-b7　16. f2-f4 e5:f4　17. 象 c1:f4 马 f6-d7　18. 后 d1-h5 马 d7-e5　19. 车 e1-e3 象 e7-f6　20. 马 h2-g4 象 c8:g4　21. h3:g4 g7-g6　22. 后 h5-h3 马 b7-c5　23. g4-g5 象 f6-h8　24. 马 f1-h2 马 c5-d3　25. 象 f4:e5 马 d3:e5　26. 马 h2-g4 马 e5:g4　27. 后 h3:g4

双方长时间争夺中心 e5 格，以黑方占优，黑象比白象有更好的前景。

27. … 后 c7-c5　28. 车 a1-e1 b5-b4　29. 后 g4-h4 车 a8-a7

如走 29. … bc，就会出现在对局中所走的 30. 王 h1，再车 h3 的威胁。

30. 王 g1-h1 f7-f6　31. b2-b3?

此时，黑方的局势稍好，但是这一步难以理解的着法又给黑方帮了忙。

31. … f6:g5　32. 后 h4:g5 象 h8:c3　33. 车 e1-e2 车 f8-f1+　34. 王 h1-h2 象 c3-e5+　35. g2-g3 车 a7-f7　36. 车 e2-g2 c4:b3　37. a2:b3（图 31）

图 31

37. … 象 e5-f4　38. g3:f4　后 c5:e3　39. 后 g5-d8+　王 g8-g7　40. 后 d8:d6
后 e3-e1　41. 后 d6-e5+　车 f7-f6　42. 王 h2-h3

如 42. 后 e7+，则王 h6。

42. … 车 f1-h1+　43. 王 h3-g4　车 h1-h4+　44. 王 g4-f3　车 h4-h3+
45. 王 f3-g4　后 e1-h4+×

第32局　后翼弃兵

鲍特维尼克——拉乌连契耶夫

1. d2-d4　d7-d5　2. c2-c4　c7-c6　3. 马 g1-f3　马 g8-f6　4. e2-e3　e7-e6
5. 马 b1-d2　马 f6-e4　6. 象 f1-d3　f7-f5　7. 马 f3-e5　g7-g6　8. 0-0　马 b8-d7
9. 马 e5:d7　马 e4:d2　10. 象 c1:d2　象 c8:d7　11. 车 a1-c1

这一局势中通常走 f3 和 e4 突破"石墙"的计划不很有效，鲍特维尼克在
后翼上开始行动。

11. … 象 f8-e7　12. c4-c5　0-0　13. f2-f4　车 f8-f7　14. b2-b4　王 g8-h8
15. a2-a4　g6-g5　16. f4:g5

这就便于黑方在王翼开展他的局势且使白方转入防守。作为补偿，白方的
黑格象获得行动的自由。

16. … 象 e7:g5　17. 后 d1-e2　后 d8-f6　18. 象 d2-e1　后 f6-h6

19. 车 f1-f3　车 f7-g7　20. 象 e1-g3
车 a8-g8　21. 王 g1-h1　象 d7-e8
22. 象 g3-e5　象 e8-h5　23. 象 e5:g7+
车 g8:g7　24. 车 c1-f1　象 g5-d8
25. 后 e2-e1　象 h5:f3　26. 车 f1:f3
象 d8-c7　27. g2-g3　后 h6-g5
28. 后 e1-f2　h7-h5　29. b4-b5　c6:b5
30. a4:b5　王 h8-g8

以后会明白，王最好留在 h8。

31. 象 d3-c2　车 g7-h7　（图32）

32. 象 c2:f5

图 32

046

有趣的思路。白方以一个子的代价获取充分的子力补偿，但局面尖锐，不好评估。

32. … e6∶f5 33. 车f3∶f5 后g5–d8 34. 后f2–f3 h5–h4   35. 车f5∶d5 后d8–e7 36. 后f3–g4+ 车h7–g7 37. 后g4–c8+ 后e7–f8

不得已。因为如走37. … 王h7，接下走38. 车h5+ 王g6 39. 后f5+×，而如走37. … 王f7 38. 车d7。

38. 后c8∶f8+ 王g8∶f8 39. g3∶h4

这样一来，白方四个兵可以抵一个象，但是黑方有十足的反先机会：形成通路兵的可能。

39. … 车g7–h7？

失去宝贵的时间。必须走39. … 王e8，然后再走a5，不能立刻走兵是由于40. b6得象。

40. h4–h5 车h7–e7 41. 车d5–f5+ 王f8–e8 42. h5–h6 车e7–h7 43. 车f5–h5 a7–a5 44. b5∶a6 b7∶a6 45. d4–d5 王e8–d7 46. 王h1–g2 象c7–a5 47. 王g2–f3 象a5–b4 48. c5–c6+ 王d7–d6   49. 王f3–e4 象b4–c5

比较精确的是立刻走49. … a5。

50. 王e4–d3 a6–a5 51. e3–e4 a5–a4 52. 王d3–c4 a4–a3 53. e4–e5+ 王d6–c7 54. 王c4–b3 车h7–h8 55. h6–h7 车h8–b8+ 56. 王b3–c4

不能走56. 王a2？，由于车b2+ 57. 王a1 象d4 58. h8升后 车f2+ 59. 王b1 a2+ 60. 王c1 a1升后，将杀。

56. … a3–a2 57. 王c4∶c5 车b8–h8

唯一走法，不然被杀的将是黑方。

58. 车h5–g5 a2–a1升后 59. 车g5–g7+

不能走59. d6+ 王b8 60. 车g8+ 王a7 61. 车∶h8，由于后∶e5+。

59. … 王c7–b8 60. 车g7–g8+ 王b8–a7 61. 车g8∶h8 后a1∶e5 62. 车h8–d8！后e5–e7+ 63. 车d8–d6 后e7–e3+

和棋。

第33局　维也纳布局

拉宾诺维奇——鲍特维尼克

1. e2-e4 e7-e5　2. 马 b1-c3 马 g8-f6　3. f2-f4 d7-d5　4. f4:e5 马 f6:e4

5. 马 g1-f3 象 f8-b4　6. 后 d1-e2 象 b4:c3　7. b2:c3 0-0　8. 后 e2-e3 f7-f6

推荐 8. … 马 c6，但实战的着法也能给予黑方不错的局势。

9. d2-d4 f6:e5　10. 象 f1-d3

毫无道理的弃兵。

10. … e5:d4　11. c3:d4 车 f8-e8

12. 马 f3-e5 后 d8-h4+

削弱白方王翼。

13. g2-g3 后 h4-h5　14. 0-0

马 b8-c6　15. 象 d3:e4

e4 马讨厌，但失去白格象更加危险。

较好的是走 15. 马:c6 bc　16. 象 a3。

15. … d5:e4　16. 象 c1-b2 马 c6:e5

17. d4:e5 象 c8-h3　18. 车 f1-f4 (图33)

图 33

18. … 车 a8-d8!

发起攻势。

19. 车 a1-e1 车 d8-d1　20. 车 f4:e4 车 e8-f8　21. 后 e3-b3+ 王 g8-h8

22. 后 b3-c4 后 h5-f3

白方认输。

第34局　古印度防御

鲍特维尼克——谢巴尔申

1. d2-d4 马 g8-f6　2. 马 g1-f3 g7-g6　3. c2-c4 象 f8-g7　4. 马 b1-c3

d7-d6　5. e2-e4 0-0　6. 象 f1-e2 马 b8-d7　7. 0-0 c7-c6　8. h2-h3

鲍氏的解说：当然，现在我喜欢采用着法 8. 车 e1。实战中 8. h3 完全没有必要。

8. … e7-e5　9. 象 c1-e3　后 d8-e7

较合理的是走 9. … ed!　　10. 马:d4 马 c5，逼走 f2-f3，此后 g3 格弱点将成为黑方的主攻对象。

10. d4-d5　c6-c5　11. a2-a3　马 f6-h5

典型错误。马在 h5 的位置并不好，又影响了 f7-f5 进兵。

12. 车 f1-e1　马 h5-f4　13. 象 e2-f1　h7-h6

同样不佳。

14. g2-g3　马 f4-h5　15. 车 a1-c1　王 g8-h7　16. b2-b4　b7-b6　17. 王 g1-h2　马 d7-f6　18. 马 f3-g1　马 f6-g8　19. 象 f1-g2　象 c8-d7　20. b4:c5　b6:c5

现在白方夺得 b 线，而黑方依旧迟滞于王翼，原因在于马在 h5 的位置不利。

21. 象 g2-f3

很必要，为的是当车 e2 时黑方没有应着 f7-f5。

21. … 马 h5-f6　22. 车 c1-b1　车 f8-b8　23. 车 e1-e2　马 f6-e8

黑方终于准备走 f7-f5，但是白方已经在后翼有了可怕的先手。

24. 车 e2-b2　车 b8:b2　25. 车 b1:b2　f7-f5　26. 后 d1-d2　后 e7-f6

威胁 27. … f4 得子。

27. 马 c3-d1　马 g8-e7　28. 后 d2-a5　f5:e4　29. 象 f3:e4　象 d7-f5

也许走 29. … 马 f5 能好一点。而现在白方应当走 30. 马 c3，贯彻 e4 格封阻的意图。

30. 象 e4:f5　马 e7:f5　31. 王 h2-g2　后 f6-f7　32. 后 a5-a6

现在白方占到第 7 横线。

32. … 马 e8-f6　33. 后 a6-b7

如走 33. 车 b7 后 f8　34. 车:a7 车 b8，给黑方一定的反先机会。

33. … 后 f7-g8　34. 马 d1-c3　车 a8-d8　35. a3-a4　车 d8-d7　36. 后 b7-b8 后 g8-f7　37. a4-a5　e5-e4　38. 车 b2-b1　马 f6-g4（图 34）

这步简化适合于白方，黑方获得一个输棋局势。

39. h3:g4 马 f5:e3+ 40. f2:e3

象 g7:c3 41. a5-a6 象 c3-d2

42. 后 b8-b3

走 42. 车 b7 不会导致胜利，由于

42. … 象:e3 43. 车:d7 后:d7 44. 后 b7

后 g7 45. 马 e2 象 d2！。

42. … 象 d2-b4 43. 后 b3-c2

后 f7-e8 44. 车 b1-f1 后 e8-e5

45. 车 f1-f4 车 d7-e7 46. 王 g2-h3

白方未能立刻找到削弱 f5 格的正

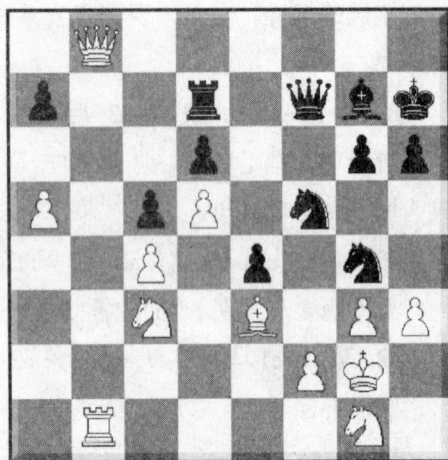

确计划。

图 34

46. … 象 b4-e1 47. 马 g1-e2 象 e1-b4 48. 车 f4-f1 g6-g5

正是如此。不然接下走马 e2-f4-e6。但现在白方在 f5 格处得到一个基地。

49. 马 e2-g1 王 h7-g6 50. 后 c2-f2 王 g6-h7 51. 马 g1-e2 后 e5-g7

52. 后 f2-f5+ 后 g7-g6 53. 后 f5-f8 后 g6-g7 54. 后 f8-f6！象 b4-d2

55. 后 f6:d6 象 d2:e3 56. 后 d6-c6 车 e7-c7 57. 后 c6-e6 车 c7-e7

58. 后 e6-f5+ 后 g7-g6 59. d5-d6

快速赢棋的思路是车 f1-b1-b7。现在斗争时间拖长。

59. … 后 g6:f5 60. 车 f1:f5 车 e7-d7 61. 车 f5-d5 王 h7-g6

黑方献出一兵后，王的位置有所改善。另一不算好的走法是 61. … 象 f2

62. 王 g2 象 e1 63. 车:c5 车:d6 64. 车 c7+ 王 g6 65. 车:a7。

62. 马 e2-c3 王 g6-f6 63. 马 c3:e4+ 王 f6-e6 64. 王 h3-g2 象 e3-d4

65. 王 g2-f3 车 d7-f7+ 66. 车 d5-f5 车 f7-g7 67. 王 f3-e2

较为简单的是走 67. 车 f8。黑如接走 67. … 车 f7+ 68. 车:f7 王:f7

69. d7 王 e7 70. 马 d6 王:d7 71. 马 b5，白方轻易可胜。

67. … 车 g7-g8 68. 马 e4:c5+

由于有车 g8-b8-b3 的威胁，白方不得已转化为车的残局。

68. … 象 d4:c5 69. 车 f5:c5 王 e6:d6 70. 车 c5-f5 车 g8-g6 71. 车 f5-f7

王 d6-c5 72. 车 f7:a7 王 c5:c4 73. 车 a7-c7+ 王 c4-b5（图 35）

黑另有一种走法 73. … 王 d4，白可
74. a7 车 a6　75. 王 d2　王 e4　76. 车 f7！！
（假如　76. 王 c3，则 76. … 王 f3
77. 王 b4　王 g2！有很大的和棋机会）
76. … 王 d4！　77. 王 c2　王 c4　78. 车
c7+　王 d4　79. 王 b3　王 e4　80. 车 f7！
黑王不能渗进王翼，白方胜。

图 35

以下局势明朗。

**74. a6–a7　车 g6–a6　75. 王 e2–f3
车 a6–a4　76. 车 c7–h7　王 b5–c5
77. 车 h7∶h6　车 a4∶a7　78. 王 f3–e4**
**车 a7–g7　79. 王 e4–e5　车 g7–g8　80. 车 h6–e6　车 g8–f8　81. 车 e6–g6
车 f8–e8+　82. 王 e5–f6　车 e8–e4　83. 王 f6∶g5　王 c5–d5　84. 车 g6–f6　车 e4–e8
85. 王 g5–h6　王 d5–e5　86. g4–g5　车 e8–h8+　87. 王 h6–g7　车 h8–h3　88. g5–g6
车 h3∶g3　89. 车 f6–f1　王 e5–e6　90. 王 g7–h7　王 e6–e7　91. g6–g7　车 g3–h3+
92. 王 h7–g8　车 h3–h4　93. 车 f1–e1+　王 e7–d7　94. 王 g8–f7　车 h4–f4+
95. 王 f7–g6　车 f4–g4+　96. 王 g6–f6　车 g4–g3　97. 车 e1–e5**

黑方认输。

第35局　后翼弃兵

扎斯拉夫斯基——鲍特维尼克

**1. d2–d4　马 g8–f6　2. 马 g1–f3　e7–e6　3. c2–c4　d7–d5　4. 马 b1–c3
马 b8–d7　5. 象 c1–g5　c7–c6　6. e2–e3　后 d8–a5　7. 马 f3–d2　象 f8–b4
8. 后 d1–c2　0–0　9. 马 d2–b3　象 b4∶c3+　10. b2∶c3　后 a5–a4　11. c4∶d5　c6∶d5！**

在预见到沿 c 线的具体下法后，放弃了比较牢靠的 11. … ed。

12. 象 f1–d3

如走 12. c4　马 e4　13. 象 f4　后 b4+　14. 马 d2　b6，黑方的棋局同样也很可取。

12. … b7–b6　13. 后 c2–e2

导致失先，无法有效防范象 a6，较好的是走 13. 0-0。

13. … 马 f6-e4　14. 象 g5-e7　马 e4:c3　15. 后 e2-c2　车 f8-e8　16. 象 d3:h7+ 王 g8-h8　17. 象 h7-d3　车 e8:e7　18. 后 c2:c3　象 c8-a6　0-0

白方摆脱了 c3 弱兵，但是他把 c 线交给了对方。

19. … 车 a8-c8　20. 后 c3-d2　象 a6:d3　21. 后 d2:d3　马 d7-f6　22. f2-f3 车 e7-c7　23. 车 f1-f2

还是应该走 23. 车 fc1，虽然在 23. … 车 c4 之后白方局势困难。

23. … 车 c7-c3　24. 后 d3-f1

若 24. 后 d2？黑有车:b3。

24. … 车 c3:e3　25. 车 a1-e1 车 e3:e1　26. 后 f1:e1　后 a4-c4 27. 车 f2-d2　a7-a5　28. 后 e1-h4+ 王 h8-g8　29. 车 d2-d1　a5-a4 30. 车 d1-c1（图 36）

改走 30. 马 c1，更加顽强。黑方 可能接走 30. … 后 c2。

30. … a4:b3！　31. 车 c1:c4　d5:c4

白方认输。因为如走 32. ab，接下

走 c3，33. 后 e1 c2　34. 后 c1 马 d5 等。

图 36

第 36 局　后翼弃兵

鲍特维尼克——穆欣

1. d2-d4　马 g8-f6　2. 马 g1-f3　d7-d5　3. c2-c4　c7-c6　4. e2-e3　e7-e6

5. 马 b1-d2　马 f6-e4　6. 象 f1-d3　f7-f5　7. 马 f3-e5　马 b8-d7

显然失算。不过，如走 7. … g6，白有 h2-h4-h5，对黑方不利。

8. 后 d1-h5+　g7-g6　9. 马 e5:g6　马 d7-f6　10. 后 h5-h4　车 h8-g8

11. 马 g6:f8　王 e8:f8　12. f2-f3！

也可以走 12. 0-0，但鲍特维尼克还回一兵，以求尽快出子，并沿 g 线组织力量。

12. … 马e4:d2　13. 象c1:d2 车g8:g2　14.0-0-0 王f8-f7　15. 车h1-g1 后d8-g8　16. 车g1:g2 后g8:g2　17. e3-e4 d5:e4

如走 17. … 后:f3，白方应对 18. e5，如接走 18. … 后:d3，则 19. 后:f6+ 王e8　20. 车g1；或者18. … 马g4　19. 后:h7+ 王e8　20. 象g5 等。

18. f3:e4 后g2-g4

当然不能走18. … fe？19. 车f1 后g7 20. 象g5，黑方面临失子。

19. 后h4-h6 后g4-g6　20. 后h6-e3 象c8-d7　21. 车d1-g1 马f6-g4

22. 后e3-f4 马g4-e5

机智，但不会带来改变，终究无法防御黑方的多处威胁。如走 22. … 车g8，接下走后c7 等。

23. 车g1-g3 马e5:d3+

24. 车g3:d3 王f7-e7　25. 车d3-g3 后g6-f7　26. 后f4-h4+ 王e7-e8

27. 象d2-b4 象d7-c8 （图37）

28. 车g3-g8+ 王e8-d7　29. 后h4-d8+×

图37

第37局　西班牙布局

伊里因·热涅夫斯基——鲍特维尼克

1. e2-e4 e7-e5　2. 马g1-f3 马b8-c6　3. 象f1-b5 a7-a6　4. 象b5-a4 马g8-f6　5.0-0 象f8-e7　6. 车f1-e1 b7-b5　7. 象a4-b3 d7-d6　8. c2-c3 0-0　9. d2-d3

西班牙布局的大能手伊里因·热涅夫斯基所喜爱的体系，给他带来不少的胜利。

9. … 马c6-a5　10. 象b3-c2 c7-c5　11. 马b1-d2 马a5-c6　12. 马d2-f1 后d8-c7　13. 后d1-e2 车f8-e8　14. 象c1-g5 马f6-h5　15. 象g5-d2 马h5-f6

16. 象d2-g5 马f6-h5　17. 象g5-e3 马h5-f6　18. d3-d4 e5：d4　19. c3：d4
象c8-g4　20. d4：c5 d6：c5　21. a2-a4

在中心上未能取得成就的白方力图在对方局势中时而在一翼上，时而在另一翼上探求软弱的地方，但鲍特维尼克一一打退这些企图。

21. …　c5-c4　22. a4：b5 a6：b5　3. h2-h3 象g4：f3　24. 后e2：f3 马f6-d7
25. 后f3-h5 马c6-b4！

先手转到黑方一边，他在后翼上兵的优势开始起到作用。

26. 车a1：a8 车e8：a8　27. 象c2-b1 后c7-e5！　28. 后h5-e2 象e7-f6
29. b2-b3 后e5-b2　30. 后e2：b2 象
f6：b2　31. b3：c4 b5：c4　32. 车e1-d1
马d7-e5　33. 象e3-c5 （图38）

33. …　马e5-d3　34. 象c5：b4
马d3：b4　35. 马f1-e3 c4-c3

36. 王g1-f1 王g8-f8　37. 王f1-e2
车a8-a1　38. 马e3-c4 车a1：b1

39. 车d1：b1 c3-c2

和棋。

在40. 车：b2 c1 升后　41. 车：b4 之
后，白方有充足的补偿相抵一后之失。

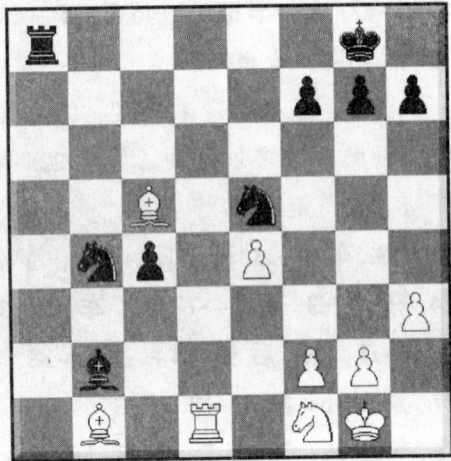

图38

第38局　后翼弃兵

鲍特维尼克——卡甘

1. d2-d4 马g8-f6　2. 马g1-f3 d7-d5　3. c2-c4 e7-e6　4. 象c1-g5
马b8-d7　5. 马b1-c3 象f8-e7　6. e2-e3 c7-c6　7. 车a1-c1 0-0　8. 象f1-d3
d5：c4　9. 象d3：c4 b7-b5

较之常见的走法9. … 马d5 导致黑方比较困难的局势。

10. 象c4-d3 象c8-b7　11. 0-0 a7-a6　12. a2-a4 b5-b4　13. 马c3-e4

现在黑方来不及走必须的一手c6-c5，转为准备走e6-e5。

13. … 马 f6∶e4　**14.** 象 g5∶e7　后 d8∶e7

假如走 14. … 马∶f2，则 15. 象∶h7+。

15. 象 d3∶e4　车 a8-c8　**16.** 马 f3-d2　f7-f5　**17.** 象 e4-f3　e6-e5

18. 马 d2-b3　e5-e4　**19.** 象 f3-e2　马 d7-f6

不能走 19. … c5，由于 20. dc 马∶c5　21. 马∶c5 车∶c5　22. 后 b3+和 23. 后∶b4。

20. 马 b3-c5　马 f6-d5　**21.** 象 e2-c4　王 g8-h8　**22.** 后 d1-e2　车 c8-a8 **23.** 象 c4∶d5

这一着和上一着一样白方放弃得 a6 兵，因为在 a6 兑掉弱子之后黑可 f5-f4。当马在 c5 时黑方如走 22. … f4，则应 23. ef 车∶f4　24. g3 和 25. 后∶e4。

23. … c6∶d5　**24.** g2-g3　象 b7-c8

把机会恶化在防守上。应走 24. … 车 fc8 力求削减沿着 c 线的压力。

25. 车 c1-c2　车 f8-f6　**26.** 车 f1-c1 车 f6-c6（图 39）

丢失一兵。

27. 马 c5∶e4　车 c6∶c2　**28.** 后 e2∶c2 象 c8-d7

在 28. … fe　29. 后∶c8+ 后 e8 30. 后∶e8+ 车∶e8　31. 车 c6 的残局中 也看不到前景。

图 39

29. 马 e4-c5　车 a8-c8　**30.** 后 c2-b3　a6-a5　**31.** 后 b3∶d5　象 d7∶a4 **32.** 后 d5∶f5　象 a4-d7　**33.** 后 f5-d3　象 d7-h3　**34.** e3-e4　a5-a4　**35.** 后 d3-e3 a4-a3　**36.** b2∶a3　b4∶a3　**37.** 后 e3∶a3　后 e7-g5　**38.** 后 a3-e3　后 g5-g4 **39.** f2-f3　后 g4-g6　**40.** d4-d5　h7-h5　**41.** e4-e5　车 c8-a8　**42.** e5-e6

黑方认输。

黑方早不做认输的决定可用两个原因来解释：或者看时间尚多，或者有经 验的棋手在等 14 岁的对手犯错。

第39局　列齐开局

莫杰里——鲍特维尼克

1. 马 g1-f3 d7-d5　2. b2-b3 马 g8-f6　3. 象 c1-b2 e7-e6　4. e2-e3
c7-c5　5. d2-d4 马 b8-c6　6. 象 f1-d3 象 f8-d6　7. 0-0 0-0　8. c2-c4 b7-b6
9. 马 f3-e5 象 c8-b7　10. c4:d5 e6:d5　11. 马 b1-d2 后 d8-e7　12. 马 d2-f3
马 f6-e4　13. 车 a1-c1 马 c6-b4　14. 象 d3-b1 f7-f6　15. 马 e5-d3 马 b4:d3
16. 象 b1:d3 车 f8-d8　17. 马 f3-h4

不适宜的出击，马的不利位置是以后白方不幸的主因。

17. … g7-g6　18. 后 d1-e2 车 a8-c8　19. 后 e2-g4 后 e7-d7！　20. 后 g4:d7
车 d8:d7　21. 象 d3:e4?

如此得兵将遭到反驳，聪敏的战
术家莫杰里显然是想把对手搅乱。其
实正确的走法是把马返回 f3 位。

21. … d5:e4　22. d4:c5 象 d6:c5
23. 象 b2:f6（图 40）

23. … 车 c8-f8　24. 象 f6-g5
防止 24. … g5。

24. … 车 d7-d5　25. 象 g5-h6
车 f8-d8　26. 王 g1-h1

现在清楚，挽救子力已不可能，
因为在王翼上迷失方向的不仅有马，

图 40

而且还有来救援的象。假如走 26. g3，则 26. … 车 h5　27. 象 f4 g5。

26. … g6-g5　27. g2-g3 g5:h4

黑方胜。

第 40 局　后翼弃兵

劳赫林——鲍特维尼克

1. d2-d4 马 g8-f6　2. 马 g1-f3 e7-e6　3. c2-c4 d7-d5　4. 象 c1-g5 马 b8-d7　5. 马 b1-c3 c7-c6　6. 车 a1-c1 h7-h6

现在如走 6. … 后 a5，白可 7. 象 d2。

7. 象 g5-h4 d5:c4　8. e2-e4 后 d8-a5

也可走 8. … b5　9. e5 g5。

9. e4-e5 马 f6-e4　10. 象 f1:c4 马 e4:c3　11. b2:c3 象 f8-a3　12. 车 c1-c2 马 d7-b6　13. 马 f3-d2 马 b6-d5　14. 后 d1-f3（图 41）

必须走 14. 0-0，黑方贪吃兵危险：14. … 马:c3　15. 后 g4。

14. … c6-c5！

争先是鲍特维尼克一贯的风格。弃两兵，黑方应当深远地计算和精准地评估所获得的局势。

15. 象 c4:d5 e6:d5　16. 后 f3:d5 象 c8-e6！　17. 后 d5:b7 0-0　18. 0-0 车 f8-c8　19. 马 d2-b3 后 a5-a4　20. 象 h4-g3 c5-c4！

图 41

在 20. … 车 ab8 和 21. … 象:b3 之后黑方可以追回一兵，但显然他的目的不在这里。

21. 马 b3-a1 象 e6-f5　22. 车 c2-d2 后 a4-a5

现在可以从优评估鲍特维尼克的局面。白子失去联系且位置不佳，与此同时黑方双象统治着整个棋盘。白方万万不可交出 c3 兵，以防局势崩溃。

23. e5-e6 象 f5:e6　24. d4-d5 象 e6-f5　25. 象 g3-e5 f7-f6　26. 象 e5-d4 车 c8-b8　27. 后 b7-c6 车 b8-c8　28. 后 c6-b7 车 c8-b8

为了赢得时间。

29. 后 b7-c6 车 b8-c8　30. 后 c6-b7 象 a3-d6　31. 马 a1-c2 车 a8-b8

32. 后 b7:a7 后 a5:a7　33. 象 d4:a7 车 b8-b2　34. 车 f1-c1 车 c8-a8

35. 象 a7-e3 车 a8:a2　36. 马 c2-d4 车 b2:d2　37. 象 e3:d2 象 f5-e4

38. 象 d2-e3 象 e4:d5

子力恢复平衡。黑子处位主动，白方 c3 兵要求毫不松懈地关注。

39. f2-f3 象 d5-f7！　40. 车 c1-d1 象 f7-g6　41. 马 d4-c6 象 g6-d3

42. 象 e3-d4

必走之着是 42. 马 b4 象:b4　43. cb 车 b2，虽然 c4 兵很有力，但局势并不明朗。

42. ··· 车 a2-b2　43. 车 d1-e1 王 g8-h7　44. 马 c6-e7 h6-h5　45. 马 e7-d5

看不出白方的意图是什么。

45. ··· h5-h4　46. 马 d5-e3

尽管在 46. h3 之后黑方有若干种逐渐提升自己优势的办法，但无论如何也不应给黑方走出 h4-h3。

46. ··· h4-h3　47. g2-g3 f6-f5　48. f3-f4 象 d3-e4　49. 车 e1-a1 王 h7-g8

50. 车 a1-e1 g7-g5！　51. 车 e1-d1 g5:f4　52. 象 d4-b6 f4:g3

白方认输。

第41局　新印度防御
鲍特维尼克——奥斯特洛夫斯基

1. d2-d4 马 g8-f6　2. 马 g1-f3 b7-b6　3. c2-c4 e7-e6　4. g2-g3 象 c8-b7

5. 象 f1-g2 d7-d5

比较常见的是 5. ··· 象 b4+ 或者 5. ··· 象 e7。

6. 马 f3-e5 象 f8-b4+

也可走 6. ··· 马 bd7　7. 后 a4 c5　8. cd 马:d5　9. dc 象:c5　10. 0-0 a6 等。

7. 象 c1-d2 象 b4:d2+　8. 马 b1:d2 0-0　9. 车 a1-c1 马 b8-d7

10. 马 e5:d7 后 d8:d7　11. c4-c5

急躁，走 11. 0-0 比较好。

11. … 后 d7–b5　12. 后 d1–b3

后 b5–a5　13. 后 b3–c3 后 a5:a2（图42）

胆大，但冒失。

14. c5–c6 象 b7–c8　15. b2–b4

后 a2–a6　16. 车 c1–a1 后 a6–b5

17. e2–e3 马 f6–e4

唯一的解着，防 18. 象 f1。

18. 马 d2:e4 d5:e4　19. 象 g2:e4

a7–a5　20. b4:a5

如走 20. 象 d3，黑则 20. … 后 d5

21. e4 后 h5　22. ba 后 f3　23. 0–0 e5！

具有可怕的威胁；或者 22. 0–0 后 f3。

图 42

20. … b6:a5？

应改走 20. … 象 a6！白方不易消除对方沿着 f1–a6 斜线的压力，例如，

21. 象 f3 e5！　22. de 车 fd8 等。

21. 象 e4–d3 后 b5–h5　22. 0–0 后 h5–f3　23. 车 f1–c1 a5–a4　24. 后 c3–c2

f7–f5　25. 车 a1:a4 车 a8:a4　26. 后 c2:a4 f5–f4

探求战术反先机会。

27. 后 a4–d1 f4:g3　28. 后 d1:f3 车 f8:f3　29. h2:g3 车 f3–f8　30. 车 c1–a1

g7–g6　31. 车 a1–a7 车 f8–f7　32. 象 d3–c4 王 g8–g7　33. 王 g1–f1 车 f7–e7

34. 王 f1–e1 王 g7–f6　35. e3–e4 e6–e5　36. d4–d5 象 c8–g4　37. 象 c4–a6

h7–h5　38. d5–d6 c7:d6　39. 车 a7:e7 王 f6:e7　40. c6–c7 d6–d5　41. e4:d5

王 e7–d6　42. c7–c8 升后 象 g4:c8　43. 象 a6:c8 王 d6:d5　44. 王 e1–e2

王 d5–d4　45. 王 e2–f3

黑方认输。

对局富有情趣之处在于它是冠军赛两名最年轻参加者的创作。过早逝去的奥斯特洛夫斯基（1909～1929 年）是列宁格勒年轻棋手中最具天才者之一。

西北省区冠军赛

半决赛（1926年8~9月，列宁格勒）

第42局　后翼弃兵

巴雷舍夫——鲍特维尼克

1. d2-d4 马 g8-f6　2. 马 g1-f3 e7-e6　3. c2-c4 d7-d5　4. 马 b1-c3
马 b8-d7　5. 象 c1-g5 c7-c6　6. e2-e3

在那个年代都愿意走肯姆布利日—斯普林格斯防御。现在一般都走 6. cd。

6. … 后 d8-a5　7. c4:d5 马 f6:d5　8. 后 d1-d2 象 f8-b4　9 车 a1-c1 c6-c5
10. 象 f1-d3

所有这一切都曾在 1925 年第一届莫斯科国际赛上遇到过。在这里较有力
的是走 10. e4。

10. … c5:d4　11. e3:d4 h7-h6　12. 象 g5-h4 0-0　13. 0-0 b7-b6
14. 象 d3-b1

以此法白方从牵制下解脱，但黑
方也可以轻松地展开自己的兵力。

14. … 象 c8-a6　15. 后 d2-c2 f7-f5
16. 马 c3:d5 后 a5:d5　17. 车 f1-d1
象 b4-d6！

打退后 a4 威胁的同时，轮到黑方
走象 f4 反威胁。

18. 后 c2-d2 车 a8-c8
19. 车 c1:c8 车 f8:c8　20. 象 h4-g3
象 d6-e7　21. 马 f3-e5（图43）

图43

白方"占据"e5 格，但却冒着输掉对局的危险，必须走 21. 车 c1。

21. ⋯ 象 e7-g5　22. f2-f4

加速输棋，因为削弱了 a8-h1 斜线。唯一机会在如下变化中：22. 后 e1 f4　23. h4 fg　24. hg gf+　25. 王∶f2 马∶e5　26. 后∶e5 hg，白方可以守住。

22. ⋯ 马 d7∶e5　23. f4∶g5

走 23. de 后∶d2　24. 车∶d2 车 c1+对于白方也极其不好。

23. ⋯ 马 e5-c4　24. 后 d2-f4

走 24. ⋯ 后 f2 较好。现在黑方赢得进攻的速度，他的兵已经不用安置。

24. ⋯ 象 a6-b7　25. 后 f4-f2 马 c4-e3　26. 车 d1-e1 马 e3∶g2 27. 象 b1-e4 f5∶e4　28. 后 f2∶g2 车 c8-c2！（图 44）

令人惊奇的是，18 年后在全苏第 13 届冠军赛上鲍特维尼克同科托夫的对局中形成类似的局面。

图 44

29. 后 g2∶c2 e4-e3　30. 王 g1-f1 后 d5-h1+　31. 王 f1-e2 后 h1-f3+　32. 王 e2-d3 象 b7-e4+

白方认输。

西北省区冠军赛
决赛（1926年9月15日至10月23日）

第43局 后翼弃兵
鲍特维尼克——卡甘

1. d2-d4 马 g8-f6 2. c2-c4 c7-c6 3. 马 g1-f3 d7-d5 4. e2-e3 象 c8-f5 5. 象 f1-d3 象 f5:d3 6. 后 d1:d3 e7-e6 7. 0-0 马 b8-d7 8. 马 b1-d2 象 f8-d6 9. e3-e4 d5:e4 10. 马 d2:e4 马 f6:e4 11. 后 d3:e4 马 d7-f6 12. 后 e4-e2 0-0 13. 象 c1-g5 后 d8-c7 14. 车 a1-d1 马 f6-d7 15. g2-g3 b7-b6 16. 车 f1-e1 车 a8-e8 17. 象 g5-d2 e6-e5

黑方实现了早就准备下的走法 e6-e5，但是没给他带来平先。

18. 象 d2-c3！ e5-e4

劣着是走 18. ··· ed，由于 19. 后:e8 车:e8 20. 车:e8+ 马 f8 21. 车:d4。

19. 马 f3-h4 f7-f5（图 45）

20. c4-c5！ b6:c5 21. 后 e2-c4+ 王 g8-h8 22. d4:c5 象 d6-e5

既不可走 22. ··· 马:c5 23. 车:d6 后:d6 24. 象 b4；也不可走 22. ··· 象:c5 23. 车:d7。

23. f2-f4 象 e5:c3

如 23. ··· ef？白有 24. 车:d7。

图 45

24. b2:c3 车 e8-b8 25. 车 d1-d6 车 b8-b5 26. 后 c4-d4 马 d7-c5 27. c3-c4 车 b5-a5 28. 马 h4:f5 后 c7-f7 29. 马 f5-h4

如走 29. 马 e3，黑方可应 29. ··· 马 d3。

29. ··· 后 f7-e7　30. 车 d6:c6 车 f8-d8　31. 后 d4-e5 后 e7:e5　32. f4:e5 g7-g6　33. e5-e6 车 d8-e8　34. 马 h4-g2 车 e8:e6　35. 车 c6:e6 马 c5:e6　36. 车 e1:e4 马 e6-g5　37. 车 e4-e2 马 g5-f3+

黑方捞回一兵，但在所获得的车的残局中白方有通路的兵和积极的王。

38. 王 g1-f2！马 f3:h2　39. 马 g2-e3 h7-h5　40. 车 e2-c2 车 a5-c5　41. 王 f2-g2 马 h2-g4　42. 马 e3:g4 h5:g4　43. 王 g2-f2 王 h8-g7　44. 王 f2-e3 王 g7-f6　45. 王 e3-d4 车 c5-f5　46. 车 c2-e2！车 f5-f3　47. 车 e2-e3 g6-g5　48. 王 d4-d3

假如走 48. c5，则 48. ··· 车:e3　49. 王:e3 王 e5　50. c6 王 d6　51. 王 e4 王:c6　52. 王 f5 王 b5　53. 王:g5 王 a4　54. 王:g4 王 a3　55. 王 f3 王:a2　56. g4 a5　57. g5 a4　58. g6 a3　59. g7 王 b1　60. g8 升后 a2，和棋。

48. ··· 王 f6-f5

在 48. ··· 车 f1　49. c5 车 f3　50. c6 车:e3+　51. 王:e3 之后，白方多获得一先，因而胜。

49. 王 d3-e2

白方获胜。

第 44 局　后翼弃兵

鲍特维尼克——拉宾诺维奇

1. d2-d4 d7-d5　2. c2-c4 c7-c6　3. 马 g1-f3 马 g8-f6　4. e2-e3 e7-e6　5. 马 b1-c3 马 b8-d7　6. 象 f1-d3 d5:c4　7. 象 d3:c4 b7-b5　8. 象 c4-d3 a7-a6　9. e3-e4 c6-c5　10. e4-e5

鲍氏的解说：现在米兰变化（鲁滨斯坦变化）推翻 10. d5。自然，当时还不知晓。拉宾诺维奇使我惊奇的是采用了新的应着，避开时髦的走法 10. ··· cd。

10. ··· 马 f6-g4　11. 象 c1-g5！

最合理的反驳。奇怪的是 10. ··· 马 g4 体系好长一段时间使用得非常广泛，特别是在分析工作者之间，但是着法 11. 象 g5 却无人问津。这盘棋的开局过了一段时间之后才被刊登出来。

11. … 后 d8-b6　**12.** 象 d3-e4　象 c8-b7

现在白方的任务变得十分简单。黑方如改走 12. … 车 a7 导致比较复杂的局势，但即便在这种情形下 13. d5 之后白方也保持可怕的先手。

13. 象 e4:b7　后 b6:b7　**14. 0-0！**（图 46）

一切都出在这里。黑后刚刚不再监控 d4 格，这一着就行得通。接下来的威胁是 15. h3。

14. … h7-h5　**15. d4-d5！**

黑王陷在中央，白方只要打开局势便可证明对方计划的错误性。

15. … 马 d7:e5　**16.** 马 f3:e5 马 g4:e5　**17.** d5:e6 f7-f6　**18.** 后 d1-e2 象 f8-e7　**19.** 车 a1-d1 h5-h4　**20.** f2-f4 h4-h3

图 46

黑方找到一个聪明的办法：兑后并努力把局面引入残局。白方乐于兑子，公正地评估残局于己方有利。

21. f4:e5 后 b7:g2+　**22.** 后 e2:g2 h3:g2　**23.** 王 g1:g2 f6:g5（图 47）

24. 车 f1-f7

赛后分析证实白方可以轻易取胜，走 24. 马 d5！车 a7　25. 马 e3！g6　26. 马 g4（再马 f6+）。对局中的着法是追求子力上的优势。

24. … 车 h8-h6　**25.** 车 f7:e7+ 王 e8:e7　**26.** 马 c3-d5+ 王 e7:e6

如 26. … 王 f8，白则 27. e7+！。

27. 马 d5-c7+ 王 e6:e5

28. 马 c7:a8 车 h6-c6　**29.** 车 d1-d7

或许放跑了胜利。应走 29. a4！ba（不然　30. a5 和马 b6）30. 车 a1，白棋想赢不难。

图 47

29. … 车 c6-d6

也许更精确的是走 29. … c4，不管走 30. 王 f3 b4   31. 车 c7 王 d6
32. 车:c6+ 王:c6 33. 王 e4 c3；也不管在 30. 马 c7 b4   31. 马 d5 王 e6！
32. 车 d8 c3 之后，黑方都能取得和棋。

30. 车 d7:g7

即使改走 30. 车:d6 王:d6   31. a4 c4！   32. a5 b4，黑方也不会输。现
在黑方在后翼上获得几个通路兵，反倒是白方要小心些。

30. … 车 d6-d2+   31. 王 g2-g3 车 d2:b2   32. 车 g7:g5+ 王 e5-d4
33. h2-h4 车 b2:a2   34. h4-h5 车 a2-a1   35. 王 g3-g2 车 a1-a2+   36. 王 g2-g3
车 a2-a1   37. 王 g3-g2 车 a1-a2+   38. 王 g2-g1 车 a2-a1+   39. 王 g1-g2
车 a1-a2+   40. 王 g2-g3 车 a2-a1   41. 马 a8-c7 c5-c4   42. 马 c7-e6+ 王 d4-e3
43. 马 e6-f4 c4-c3   44. 车 g5-c5 车 a1-g1+   45. 马 f4-g2+ 王 e3-d3   46. h5-h6
车 g1-h1   47. 马 g2-f4+ 王 d3-d4   48. 车 c5-c6 c3-c2   49. 王 g3-g2 车 h1-h4
50. 王 g2-g3 车 h4-h1

和棋。

第45局 后翼弃兵

高卢别夫——鲍特维尼克

1. d2-d4 马 g8-f6   2. c2-c4 e7-e6   3. 马 g1-f3 d7-d5   4. 象 c1-g5
马 b8-d7   5. 马 b1-c3 c7-c6   6. e2-e3 后 d8-a5   7. 后 d1-b3

让黑方拉平局势的不精确着法。通常在这里走 7. 马 d2 或者 7. cd。

7. … 马 f6-e4   8. c4:d5 e6:d5   9. 象 g5-f4 象 f8-b4   10. 车 a1-c1 c6-c5
11. a2-a3 象 b4:c3+   12. b2:c3 0-0   13. 象 f1-e2 马 d7-b6   14. d4:c5 后 a5:c5
15. 象 f4-e5

诱人的但却是无成效的象的移动。应该易位。

15. … 马 b6-c4   16. 象 e2:c4 d5:c4   17. 后 b3-b4 象 c8-g4   18. 后 b4:b7

此后白方落入被动，但很难指出令人满意的走法。假如走 18. 后:c5，则
18. … 马:c5   19. 象 d6 马 d3+   20. 王 d2 车 fd8 或者 18. 象 d4 后 f5。

18. … 象 g4∶f3　19. g2∶f3（图 48）

19. … 马 e4∶f2！　20. 王 e1∶f2

后 c5∶e5　21. f3–f4　后 e5–f5

22. 后 b7–b1

改走 22. 后 f3 也不好，黑可 22. …

车 ab8。

22. … 后 f5–h3　23. 后 b1–e4

车 a8–d8　24. 车 c1–c2　后 h3–h4+

25. 王 f2–e2　车 f8–e8　26. 后 e4∶c4

后 h4–h3　27. 后 c4–c5

有太多的格需要白后来掩护。

27. … 后 h3–g2+

白方认输。

图 48

第 46 局　西班牙布局

伊里因·热涅夫斯基——鲍特维尼克

1. e2–e4 e7–e5　2. 马 g1–f3 马 b8–c6　3. 象 f1–b5 a7–a6　4. 象 b5–a4
马 g8–f6　5. 0–0 象 f8–e7　6. 车 f1–e1 b7–b5　7. 象 a4–b3 0–0　8. c2–c3 d7–d6
9. d2–d3 马 c6–a5　10. 象 b3–c2 c7–c5　11. 马 b1–d2 马 a5–c6

在列宁格勒冠军赛上，他们俩又一次相遇。鲍特维尼克走过 12. … 后 c7
（见对局第 37 局）。现在他选择了另一种与进兵 d6–d5 相关联的计划。

12. 后 d1–e2

白后在 e2 的局面促进了黑方实现进兵计划的可能性。

12. … 车 f8–e8　13. 马 d2–f1 d6–d5　14. a2–a4

在这里及下一着赚取 e5 兵的企图以失利终止。

14. … 象 c8–e6　15. d3–d4

在中心挑起复杂化的争斗。

15. … c5∶d4　16. a4∶b5 a6∶b5　17. 车 a1∶a8 后 d8∶a8　18. 后 e2∶b5

车 e8–b8 19. 后 b5–e2 d5:e4 20. 象 c2:e4 马 f6:e4 21. 后 e2:e4

《现代开局》（1940 年版）一书对这个局面的结论是对黑方有利：他有两只象、良好的中心及在后翼上的局面前景。

21. … d4:c3 22. b2:c3 f7–f5

进兵操之过急。值得注重的是 22. … f6。

23. 后 e4–e2 e5–e4 24. 马 f3–g5 象 e7:g5

黑方难以回避这步兑。因为如走 24. … 象 b3，白则 25. 后 h5 h6 26. 马 h3，有令人生厌的威胁。

25. 象 c1:g5 后 a8–a3 26. f2–f3 车 b8–b2 27. 象 g5–d2 后 a3–a2（图 49）

显然是误算。应走 27. … 后 c5+ 28. 王 h1 象 c4 或者 28. 后 e3 后:e3+ 29. 车:e3 象 c4 或者 29. 象:e3 ef 等。

28. f3:e4! f5–f4

现在清楚了，再走 28. … 象 c4 却遭到 29. 后 e3 象:f1 30. ef 的反驳，杀王的威胁迫使后和车从攻击 d2 象处引离，此后白方多出两个兵。

图 49

29. 后 e2–d3 象 e6–c4 30. 后 d3–d6 象 c4:f1 31. 后 d6:c6 象 f1–b5 32. 后 c6–c8+ 王 g8–f7 33. 后 c8–f5+ 王 f7–g8 34. 后 f5–c8+ 王 g8–f7 35. 后 c8–f5+ 王 f7–g8 36. 后 f5–c8+ 王 g8–f7

（注：在 1926 年执行的是着法的三次重复，而非局面上的）

37. 后 c8–c7+ 王 f7–g8

黑方又交出一兵，因为在 37. … 王 e6 38. 象:f4 车:g2+ 39. 王 h1 车 g6 40. 象 g3 之后，他的王位置很危险。

38. 后 c7–b8+ 王 g8–f7 39. 后 b8:f4+ 王 f7–g8 40. 后 f4–b8+ 王 g8–f7 41. 后 c8–c7+ 王 f7–g8 42. c3–c4

白方任何一个获胜的企图都必须放弃一部分所获得的子力。

42. … 后 a2:c4

绕过"暗礁"：如42.…象:c4　43.后d8+　王f7　44.后d7+　王f8
45.象b4+　车:b4　46.后d6+再47.后:b4；又如42.…车:d2　43.后c8+
王f7　44.后f5+　王e7　45.后g5+再46.cb，伊里因·热涅夫斯基分析指出。

43.后c7-b8+　王g8-f7　44.后b8-f4+　王f7-g8　45.h2-h3　h7-h6
46.车e1-a1　象b5-c6　47.车a1-f1　后c4:e4　48.后f4:e4　象c6:e4
49.车f1-f2

和棋。

斯德哥尔摩—列宁格勒对抗赛
（1926 年 11 月）

第 47 局　后翼弃兵

鲍特维尼克——施托里茨

1. d2-d4 d7-d5　2. c2-c4 e7-e6　3. 马 b1-c3 马 g8-f6　4. 象 c1-g5 象 f8-e7　5. e2-e3 0-0　6. 马 g1-f3 b7-b6

鲍氏的解说：卡帕布兰卡经常采用这一防御（预先走一着 6. … h6），而后采用它的有塔尔塔科威尔、马科格诺夫和邦达列夫斯基。我知道在这里通常走 7. cd，但同时我在开局中力求出动子力。

7. 车 a1-c1 象 c8-b7　8. 象 f1-d3 马 b8-d7　9. 0-0 马 f6-e4

黑方另一种计划 9. … c5　10. 后 e2 cd　11. ed dc　12. 象：c4，孤立白方的 d4 兵。施托里茨所选择的计划看样子较为自然。

白方未加思索走了下一着棋。现在大概我喜欢走 10. 象 f4，避开简化，由于有威胁 11. cd ed　12. 象：c7 后：c7　13. 马：e4 给黑方造成困难。

10. 象 g5：e7 后 d8：e7　11. c4：d5 e6：d5　12. 马 c3：e4

战术组合中的失算。实际上黑方已经有了好的局势，因为不能预防着法 f5，例如，12. 象 b1 f5　13. 马：e4 fe　14. 车：c7 ef　15. 车：b7 后 g5　16. g3 后 g4　17. 王 h1 车 f6　18. 车 g1 车 h6　19. 后 f1，再往下按皮利金所指（见《苏联的棋弈》杂志 1950 年第 4 期）19. … 后 h5！　20. h4 后：h4+。

12. … d5：e4　13. 车 c1：c7 象 b7-c8

当我走出战术组合时估计的走法会是 13. … 象 d5 或者 13. … 车 b8，在两种情形下都走 14. 马 e5 胜。施托里茨走的简单，但有力的着法白方漏算了。

14. 象 d3-b5

似乎是我的好机会，实际上正确的是 14. 象 e2！后 d6　15. 后 c1 ef

16. 象：f3 象 a6　17. 象：a8 象：f1　18. 车：a7，舍一马换第三个兵。

14. … e4：f3

黑方放过了自己全部的优势。应走 14. … 后 d8　15. 车：c8 车：c8，多半个子。

15. 后 d1：f3 后 e7-d6（图 50）

令人生疑的着法，此后黑方快速输掉。较好的依旧是 15. … 车 b8，即便这样走，在 16. 后 c6 车 d8　17. 车：a7 之后，白方以一子换三兵并有强大的压力。

16. 后 f3-c6！后 d6-b4

黑方机敏地寻求到防御办法。

假如走 16. … 后：c6，则 17. 象：c6，白方追回子且多两个兵。

图 50

17. 后 c6：a8 象 c8-a6

全部用意都在这里！白如接走 18. 后 d5，黑则 18. … 马 f6，再 19. … 象：b5。但是黑方的意图注定不能实现。

18. 后 a8：f8+！马 d7：f8　19. 象 b5：a6 h7-h5

黑方孤立无援，且落入被动的防守。

20. 车 c7：a7 后 b4：b2　21. 象 a6-c4 马 f8-e6　22. 象 c4-b3 h5-h4 23. d4-d5 马 c6-d8

假如走 23. … 马 c5，则 24. d6 马：b3　25. 车 a8+，然后再 26. d7。

24. 车 a7-d7 后 b2-f6　25. h2-h3 b6-b5　26. e3-e4 王 g8-h7　27. e4-e5 后 f6-b6　28. 车 f1-e1 b5-b4　29. e5-e6 f7：e6　30. d5：e6 马 d8：e6

31. 车 e1：e6

几个回合之后，黑方认输。

莫斯科—列宁格勒五金工人工会团体对抗赛
（1927 年 4 月）

第 48 局　西班牙布局

潘琴科——鲍特维尼克

1. e2-e4 e7-e5　2. 马 g1-f3 马 b8-c6　3. 象 f1-b5 a7-a6　4. 象 b5-a4 马 g8-f6　5. 0-0 象 f8-e7　6. 车 f1-e1 b7-b5　7. 象 a4-b3 d7-d6　8. c2-c3 0-0　9. h2-h3 马 c6-a5　10. 象 b3-c2 c7-c5　11. d2-d4 后 d8-c7　12. 马 b1-d2 马 a5-c6　13. d4-d5 马 c6-d8　14. 马 d2-f1 c5-c4

在齐果林变化中，鲍特维尼克非止一次地成功实行过转移马至 c5 的计划。

15. 后 d1-e2 马 d8-b7　16. 象 c1-d2 象 c8-d7　17. 马 f1-g3 马 b7-c5　18. 马 f3-h4 g7-g6　19. 象 d2-g5？马 f6∶d5

上一回合这步棋不能走：18. … 马∶d5　19. ed 象∶h4　20. 后 h5。现在则白方缺少一兵。

20. 象 g5∶e7 马 d5∶e7　21. 车 a1-d1 车 a8-d8　22. 后 e2-d2 象 d7-c8　23. 马 h4-f5

值得注意的是 23. 后 h6，伏 24. 马 h5 的威胁，黑如走 23. … f6，则 24. 车 e3 等。当马 f5 后，黑不可走 23. … gf 吃子，由于 24. 后 g5+ 王 h8　25. 后 f6+ 王 g8　26. 马 h5 或者 24. … 马 g6　25. ef。

23. … f7-f6　24. 马 f5∶e7+ 后 c7∶e7　25. 马 g3-f1 象 c8-b7　26. 后 d2-h6 后 e7-g7

在这里黑方可以走 26. … d5，摆脱落后兵，沿 d 线挑起兑车，形成有利的残局。

27. 后 h6-e3 f6-f5　28. 马 f1-d2 f5-f4　29. 后 e3-e2 g6-g5

现在推进 d6-d5 为时已晚。

30. b2-b3！c4:b3　31. a2:b3　象 b7-c8　32. b3-b4　马 c5-e6　33. 象 c2-b3 王 g8-h8　34. f2-f3　h7-h5

也许应当走 34. … 后 a7+，防止白后占到后翼，但黑方也受到自己计划的诱惑。

35. 后 e2-f2　车 f8-f6　36. 后 f2-b6 车 d8-g8　37. 王 g1-f2　g5-g4（图51）

黑方的进攻看上去很有威力，但是局面一打开便清楚，黑王处位不算太好。除此之外，黑方不得已要关注自己在中心上和在后翼上多个弱格。

图 51

38. h3:g4　h5:g4　39. 车 e1-h1+ 车 f6-h6　40. 车 d1-g1　王 h8-h7　41. 王 f2-e2

不成立的走法是 41. 后:d6　车 d8　42. 车:h6+　王:h6！　43. 后 b6　车:d2+ 44. 王 e1　后 d7　45. 后:e6+　后:e6　46. 象:e6　车 b2！，不可 47. 象:c8，由于 车 b1+　48. 王 f2　g3+，黑胜。

41. … 后 g7-f6　42. 王 e2-d1　后 f6-d8　43. 后 b6:d8　车 g8:d8 44. 王 d1-c1　马 e6-g5　45. 象 b3-d5　王 h7-g7　46. 车 h1:h6　王 g7:h6 47. 车 g1-h1+　王 h6-g6　48. f3:g4　象 c8:g4　49. 王 c1-c2

判和。

第 49 局　新印度防御

鲍特维尼克——潘琴科

1. d2-d4　马 g8-f6　2. c2-c4　e7-e6　3. 马 g1-f3　b7-b6　4. g2-g3　象 c8-b7 5. 象 f1-g2　象 f8-b4+　6. 象 c1-d2　后 d8-e7　7. 0-0　象 b4:d2　8. 后 d1:d2 0-0　9. 马 b1-c3　d7-d6　10. 后 d2-c2

双方都力争推进 e 兵。

10. … 马 b8-d7　11. e2-e4　e6-e5　12. 车 a1-d1　车 f8-d8

车在这里无所作为，较有力的是走 12. … 车 fe8。

13. 车 f1-e1 c7-c6

把象线堵住，但同时消除了马 c3-d5 的威胁。

14. 马 f3-h4 后 e7-f8

必须走 14. … g6。

15. 象 g2-h3？

走完这着棋，先手转到黑方一边。应 f2-f4。

15. … e5：d4 16. 车 d1：d4 马 d7-e5 17. 后 c2-e2

能打退 g5 和 c5 威胁的唯一着法。

17. … 车 d8-e8！ 18. 马 h4-f5

较好的是走 18. 象 g2。

18. … d6-d5！ 19. c4：d5 c6：d5 20. 象 h3-g2

现在走也不晚。

20. … d5：e4 21. 马 c3：e4 马 f6：e4 22. 象 g2：e4 马 e5-c6 23. 车 d4-d1

假如走 23. 车 d7？，则象 c8 24. 车：f7！？ 后：f7 25. 马 d6 马 d4！，黑胜。

23. … 车 a8-d8 24. 后 e2-f3

白方冒输棋风险，以设陷阱的风格行棋。

24. … 马 c6-e5 25. 后 f3-g2 马 e5-d3！ 26. 车 e1-e3（图 52）

唯一走法。黑方应当吃掉 b2 兵，有赢棋机会。如走 26. … 车：e4 27. 车：e4 马 c5 28. 车：d8 后：d8 29. 车 d4，白方得救。

26. … 马 d3-f4？ 27. 车 d1：d8 车 e8：d8

图 52

假如走 27. … 马：g2，则 28. 车：e8 后：e8 29. 象：g2 后 d7 30. 象：b7，白胜。

28. 后 g2-f1 象 b7：e4 29. 车 e3：e4 马 f4-d3

决定性错误。当走 29. … 马 e6 时，黑方轻松取得和棋。

30. 马 f5–e7+ 王 g8–h8　31. 马 e7–c6 车 d8–c8

不可走 31. … 车 d6，由于有 32. 后 e2！。若 31. … 马 c5　32. 车 e7 车 c8 33. 后 b5！也不能挽救。

32. 后 f1：d3 车 c8：c6　33. 后 d3–d7 车 c6–e6

假如走 33. … 车 c8，则 34. 车 e7 王 g8　35. 后：a7 等。

34. 车 e4：e6 f7：e6　35. 后 d7：a7 后 f8–d8　36. 后 a7–f7 后 d8–c8 37. h2–h4 h7–h6　38. 后 f7–f4！

防住 c1 位，并准备攻击后翼上的兵。

38. … 王 h8–g8　39. a2–a4 后 c8–c5　40. b2–b4 后 c5–d5

如走 40. … 后 c6，接下来 41. b5 后 c5　42. 后 b8+ 王 f7　43. 后 b7+ 王 f6 44. a5！，白方胜。

41. 后 f4–b8+ 王 g8–f7　42. 后 b8：b6 后 d5–d1+　43. 王 g1–g2 后 d1：a4 44. 后 b6–b7+ 王 f7–e8　45. b4–b5 后 a4–d4　46. b5–b6 后 d4–d7　47. 后 b7–a8+

黑方认输。

列宁格勒—莫斯科对抗赛
（1927年5月）

第50局　新印度防御

鲍特维尼克——格利高里耶夫

1. d2-d4 马 g8-f6　2. c2-c4 e7-e6　3. 马 g1-f3 b7-b6　4. g2-g3 象 c8-b7 5. 象 f1-g2 象 f8-b4+　6. 象 c1-d2 象 b4:d2+　7. 后 d1:d2 0-0　8. 0-0 d7-d6　9. 后 d2-c2

鲍氏的解说：这一变化在比赛中非止一次地遇到过。在那个年代我总是第3回合走马 f3 并研究过起源于这一着的所有微妙处的走法。

假如白方立刻走 9. 马 c3，则 9. … 马 e4，黑方阻止 e 兵的推进。在对局中的着法 9. 后 c2，如遇到走 9. … 象 e4，白可 10. 后 b3，然后再 11. 马 c3。

9. … 马 b8-d7　10. 马 b1-c3 后 d8-e7　11. e2-e4 e6-e5　12. 车 a1-d1 g7-g6

黑方守住白马可能入侵的 f5 格，同时也准备以后进 f 兵。

13. 车 f1-e1 c7-c6

必走。消除常见的威胁马 d5。

14. b2-b3 马 f6-e8　15. 后 c2-d2 车 a8-d8　16. 象 g2-h3 f7-f6 17. 后 d2-h6

白方受到一个小陷阱的诱惑，即 17. … 后 g7　18. 后:g7+ 马:g7　19. 象:d7 车:d7　20. de 得兵，其实并不处在局势的上峰。正确的计划是 17. 马 h4，随后走 f4，白方的优势很真实。

17. … 马 e8-c7　18. 马 f3-h4 车 f8-f7

黑方应走 18. … 马 e6，迫使白方 19. 象:e6+。因为如走 19. d5，接下去不是 19. … 马 d4，由于 20. 马 e2！，而是 19. … 马 g5，封锁白后。

19. d4—d5

不能 19. f4，因 ed！ 20. 车：d4 d5。

19. … c6：d5 20. 马 c3：d5 象 b7：d5

只有这样！如走 20. … 马：d5 21. cd 马 f8 22. 车 c1，白方获得可胜局面。

21. c4：d5 车 d8—f8 22. 车 d1—d2 f6—f5

错误，导致失败。在 22. … a5！和 23. … 马 c5 之后，黑方毫无困难地扯平局势。

23. e4：f5 g6：f5 24. 后 h6—h5 f5—f4

漏算半个子，但黑方终要灭亡，因为 f5 格已经防不住。如走 24. … 马 f6，接走 25. 后 g5+ 车 g7 26. 马：f5 得兵，而如走 24. … 后 e8 25. 象：f5！（25. 马：f5 车：f5）25. … 车：f5 26. 后 g4+。

25. 马 h4—f5 车 f7：f5 26. 象 h3：f5 马 d7—f6 27. 后 h5—h6 王 g8—h8（图53）

假如走 27. … 马 f：d5，则 28. 车：d5 车：f5（28. … 马：d5 29. 象 e6+）29. 车：d6，黑方输棋。

图 53

28. 车 e1：e5！ d6：e5

如走 28. … 后：e5，接下走 29. 后：f8+ 马 g8 30. 后 f7 马 f6，甚至可走 31. 车 d1 等。

29. d5—d6 后 e7—d8 30. d6：c7 后 d8：d2 31. 后 h6：f8+ 马 f6—g8 32. c7—c8 升后

黑方认输。

列宁格勒六强赛
（1927 年 6 月 26 日至 8 月 1 日）

第 51 局　斯塔温顿弃兵

鲍特维尼克——高特吉里弗

1. d2-d4 f7-f5　2. e2-e4 f5:e4　3. 马 b1-c3 马 g8-f6　4. 象 c1-g5 c7-c6
5. f2-f3 e4:f3

走 5. … e3 比较好。

6. 马 g1:f3 d7-d6

走 5. … d5 比较合理，因为 a2-g8 斜线得到掩盖。

7. 象 f1-c4 象 c8-g4　8. h2-h3 象 g4-h5　9. g2-g4 象 h5-g6　10. 马 f3-h4
象 g6-e4　11. 0-0！ d6-d5　12. 象 g5:f6 e7:f6　13. 马 c3:e4 d5:c4

如走 13. … de，接下同样也是走 14. g5。

14. g4-g5！

白方很果断。

14. … 后 d8-d5　15. 后 d1-e2 王 e8-d8　16. 车 f1-f5 后 d5-e6　17. 车 a1-d1
王 d8-c7　18. d4-d5！ 象 f8-c5+

导致失子。但在 18. … 后 e8　19. 后:c4 之后，黑方局势也十分惨淡。

19. 王 g1-f1 c6:d5　20. 马 e4:c5 后 e6:e2+　21. 王 f1:e2 车 h8-e8+
22. 王 e2-f2

白胜。

第 52 局　列齐开局

莫杰里——鲍特维尼克

1. 马 g1-f3 马 g8-f6　2. e2-e3 d7-d5　3. b2-b3 象 c8-g4　4. 象 c1-b2 马 b8-d7　5. 象 f1-e2 e7-e6　6. d2-d4 象 f8-d6　7. 马 b1-d2 后 d8-e7 8. 0-0 0-0　9. 马 f3-e5 象 g4-f5　10. 马 d2-f3 马 f6-e4　11. c2-c4 c7-c6 12. 马 e5:d7 后 e7:d7　13. 马 f3-h4

白方得到双象优势，但在封闭性的局势中难以施展，加上不得已用两象中的一只兑去了位居中心的一匹马。值得探讨的走法是 13. 马 e5 和 14. f3。

13. … 后 d7-e7　14. 马 h4:f5 e6:f5　15. 象 e2-d3 a7-a5　16. 后 d1-e2 车 f8-e8　17. c4:d5 c6:d5　18. 象 d3-b5 车 e8-c8　19. 车 a1-c1 象 d6-a3 20. 象 b5-d3

白方本应该把黑格象兑掉，但现在他不能这样做，因为在 20. 象:a3 后:a3 之后，黑方夺得 c 线。

20. … 象 a3-d6　21. 象 d3:e4 f5:e4　22. 后 e2-b5 车 c8-d8　23. 象 b2-c3 后 e7-d7　24. 后 b5:d7 车 d8:d7　25. 象 c3-b2 f7-f5

局势并非平和无害。黑方有明显的王翼上兵的进攻计划，防止它非属易事。

26. 车 c1-c2 王 g8-f7　27. f2-f3

有助于对方实现意图，走 27. f4 比较好。

27. … 王 f7-e6　28. 车 f1-c1 车 d7-d8　29. a2-a4 g7-g6　30. 象 b2-c3 g6-g5　31. f3:e4? d5:e4　32. 车 c2-f2 f5-f4　33. 象 c3-d2 车 d8-f8 34. 车 c1-f1 （图 54）

34. … 王 e6-d5！　35. e3:f4

白方被迫兑兵。

35. … g5:f4　36. 象 d2:f4 象 d6:f4

图 54

37. 车 f2：f4　车 f8：f4　　38. 车 f1：f4　王 d5：d4　　39. 车 f4–f7　王 d4–e3！

40. 车 f7：h7　车 a8–d8

 虽拥有子力优势，但白方的残局困难，黑方很主动。

 41. g2–g4　王 e3–d2　　42. 车 h7–e7　e4–e3　　43. 王 g1–f1　车 d8–f8+

44. 王 f1–g2　e3–e2　　45. 车 e7–d7+　王 d2–e1　　46. h2–h4

 走 46. g5 不好，由于 46. … 车 f2+　47. 王 g3　王 f1　48. 车 e7　车 g2+。

 46. … 车 f8–f4！　47. 车 d7–e7

 白如 47. 王 g3，黑则车 e4。

 47. … 车 f4：g4+　48. 王 g2–f3　车 g4：h4　49. 车 e7：e2+　王 e1–d1

50. 车 e2–e5　b7–b6

 斗争的结局，幸赖于黑王与事件的地点相近而完美解决。

 51. 车 e5–e6　车 h4–b4　　52. 车 e6–c6　王 d1–d2　　53. 王 f3–f2　车 b4：b3

54. 王 f2–f1　车 b3–b4　　55. 王 f1–f2　王 d2–d3　　56. 王 f2–e1　王 d3–d4

57. 王 e1–d2　王 d4–d5　　58. 车 c6–h6　王 d5–c5　　59. 车 h6–h5+　王 c5–c4

 黑胜。

第 53 局　后翼弃兵

鲍特维尼克——罗曼诺夫斯基

 1. d2–d4　c7–c6　　2. c2–c4　马 g8–f6　　3. 马 b1–c3　d7–d5　　4. e2–e3　g7–g6

5. 马 g1–f3　象 f8–g7　　6. 后 d1–b3　0–0　　7. 象 c1–d2　e7–e6　　8. 象 f1–d3

马 b8–d7　9. 0–0　马 f6–h5　　10. e3–e4　e6–e5

 准备不足，只会造成白方优势。

11. 象 d2–g5

 对于黑方毫无危险的是走 11. de　dc　　12. 象：c4　马：e5。

11. …　d5：c4　12. 象 d3：c4　后 d8–e8　13. d4–d5

 此时，13. 车 ac1！是好棋。

13. …　马 d7–b6　14. d5：c6

 可以走 14. 象 e3 把持住 d5 格，但白方偏重于利用 c 兵的软弱性。

14. … b7:c6　15. 象 c4-e2 象 c8-e6　16. 后 b3-c2 f7-f6　17. 象 g5-e3 后 e8-f7　18. 马 c3-a4 马 h5-f4　19. 象 e3:f4 e5:f4　20. 马 a4:b6

兑马接近于和棋，改走 20. 马 c5 白方的局势好，例如，黑接走 20. … 象 c4 21. b3 象:e2　22. 后:e2 f5　23. 车 ad1 车 ae8　24. 后 c2。

20. … a7:b6　21. 马 f3-d4

看起来白方所选择的走法能给予他良好的机遇，但黑方有充分的反先下法。

21. … 王 g8-h8　22. 后 c2:c6 象 e6:a2　23. 车 f1-c1

假如走 23. 象 c4，则 23. … 象:c4 24. 车:a8 象:f1。

23. … f6-f5！（图 55）

24. 象 e2-c4 后 f7-e8　25. 车 a1:a2 车 a8:a2　26. 象 c4:a2 象 g7:d4 27. e4:f5 g6:f5　28. 象 a2-e6

图 55

和棋。

假如接走 28. … 象:b2，则 29. 后:e8 车:e8　30. 车 c8 等。

第 54 局　法兰西防御

鲍特维尼克——拉高金

1. e2-e4 e7-e6　2. d2-d4 d7-d5　3. 马 b1-c3 象 f8-b4　4. e4-e5 f7-f6

尽人皆知，在这里较有力的是走 4. … c5。但在当时人们还不懂这一点，所有人都处在拉斯凯尔—马洛齐对局（纽约，1924 年）的影响之下。

5. 马 g1-f3 c7-c5　6. a2-a3 象 b4-a5

走 6. … cd　7. ab dc 不好，由于拉乌泽尔的着法 8. 象 d3，白方局势优异。现在同已经走了马 f3 及 f7-f6 的理论变化相比，无疑对白方有利。

7. b2-b4 c5:b4　8. 马 c3-b5 马 b8-c6　9. a3:b4

果敢。黑如接走 9. … 象 : b4+，接下走 10. c3 象 e7　11. 象 a3，黑方局势困难。因此拉高金甘愿退象。

9. … 象 a5-c7　10. c2-c3 马 g8-e7

劣着是走 10. … fe，由于 11. 马 : e5 马 f6（11. … 象 : e5　12. de 马 : e5　13. 象 f4）12. 象 f4！；另一走法也不好 10. … f5　11. 象 a3，有 12. 马 d6+ 的威胁。

11. e5 : f6 g7 : f6　12. 象 f1-d3 0-0　13. 0-0 象 c8-d7

不可走 13. … e5，由于 14. 马 : c7 后 : c7　15. b5！e4（15. … 马 d8　16. de fe　17. b6！等）16. bc bc　17. 象 c2 ef　18. 后 : f3，明显利于白方。局中黑方顽强地力求推进 e 兵，但这只会加速他的败亡。值得注意的是 13. … 象 b8。

14. 象 c1-h6 车 f8-f7　15. 后 d1-d2 e6-e5　16. d4 : e5

也可以走 16. 马 : c7 后 : c7　17. de 马 : e5　18. 马 d4。实战白方选择比较尖锐的走法，迅速走向胜利。

16. … 马 c6 : e5　17. 马 f3 : e5 f6 : e5　18. 马 b5 : c7 后 d8 : c7　19. 后 d2-g5+ 王 g8-h8　20. 后 g5-h5！象 d7-e6

伏有 21. … 马 f5 和 21. … e4 等威胁，可取得好局。

21. 车 a1-e1 e5-e4（图 56）

迫不得已，因为走 21 … 马 f5 来不及。由于 22. 象 f4！临场黑方实现了两威胁之一，但在 22. c3-c4！白方优势变得明显起来，沿着打开的斜线，黑格象挟带很大的力量开始行动。

22. c3-c4！车 f7-f5

现在对黑方略有伤害的是走 22 … ed 23. 车 : e6。其实无论如何，局面已然无法挽救。

23. 后 h5-e2 后 c7-e5

不可走 23. … ed，由于 24. 后 b2+。

24. 象 h6-c1

图 56

最为坚决果断。不过走 24. cd　车 h5　25. g3（或者　25. 象 f4 后：f4 26. 后：h5　象 g4　27. 后 h4　马 g6　28. 车：e4，库彼尔曼解拆，《苏联的棋弈》1953 年第 9 期）25. … 车：h6　26. de 等，也足以取胜。此时象 c1 后，黑如 24. … 车 h5，白则 25. 象 b2 d4　26. 象：d4！后：d4　27. 后：h5 后：d3 28. 后 e5+。

　　24. … 后 e5-d6　25. c4：d5 e4：d3　26. 象 c1-b2+ 王 h8-g8　27. 后 e2-g4+ 马 e7-g6　28. 车 e1：e6 后 d6：d5　29. 车 e6：g6+

取胜的最简方法。

　　29. … h7：g6　30. 后 g4：g6+ 王 g8-f8　31. 后 g6-g7+ 王 f8-e8　32. 车 f1-e1+ 王 e8-d8　33. 后 g7-e7+ 王 d8-c8　34. 车 e1-c1+

黑方认输。

苏联第五届冠军赛
（1927 年 9 月 26 日至 10 月 25 日，莫斯科）

第 55 局　荷兰防御

拉宾诺维奇——鲍特维尼克

1. d2-d4 e7-e6　2. c2-c4 f7-f5　3. g2-g3 马 g8-f6　4. 象 f1-g2 象 f8-e7
5. 马 b1-c3 0-0　6. 马 g1-f3 d7-d5　7. 0-0 c7-c6

如此著名变化被称为"石墙"，现时已证实，向 d2 格出动后翼马，白方取得优势。

8. 后 d1-c2 后 d8-e8　9. 象 c1-f4

在这个对局之后，过了近乎 10 年，齐赫维尔为白方找到想必是一个好的弈棋计划。在齐赫维尔——柳明的对局（列宁格勒，1936 年）中接下走 9. 象 g5! 后 h5　10. 象:f6 象:f6　11. cd ed　12. e3。白方用 f6 处兑的办法消除黑方在王翼上进攻的企图，而自己在后翼上着手兵的进攻。

9. … 后 e8-h5　10. 车 a1-d1 马 b8-d7　11. b2-b3

以前黑方不利地去吃掉 c4 兵，由于有马 d2。为了给自己以自由，白方认为必须保住这个兵，但以后 c3 格的削弱自会明白。

11. … 马 f6-e4　12. 马 f3-e5!

早一步走这步棋不利，由于应着马:e5 和马 g4。现在白方有两个威胁：第一，13. 马:e4 随后走 14. f3；第二，立刻走 13. f3 和 14. e4。

如果黑方马上可以得兵，12. … 马:c3　13. 后:c3 马:e5　14. 象:e5 后:e2，但在 15. 象 f3 象 b4　16. 后:b4 后:f3　17. 后 d6 之后优势在白方。

12. … 马 e4-g5

也许走 12. … 象 f6 比较好，但黑方面对纠缠，期望获得双象优势并逼使对方削弱王翼。而白方可以简单地应以 13. f3 和在 13. … 马 h3+ 之后继续走

14. 象:h3 后:h3　15. e4 局势优异。

13. h2-h4 马 g5-e4　14. 象 g2-f3

不够坚决。走 14. 马:e4 fe　15. f3，白方取得好局，因为弃半子 15. …
车:f4　16. gf，没给黑方任何好处。

14. … 后 h5-e8　15. 马 e5:d7 象 c8:d7　16. 王 g1-g2 象 e7-b4!

17. 象 f3:e4

严重错误。必须走 17. 马 b1 有防御的机会。

17. … f5:e4　18. 车 f1-h1 后 e8-h5　19. f2-f3 后 h5-g6

不准确。正确次序是走 19. … e5!　20. de 后 g6。现在白方可以遏阻黑方攻势。

20. 王 g2-f1 e6-e5!

在 20. … ef　21. 后:g6 hg　22. 车 c1 之后，未必会导致黑方得利。

21. d4:e5

顽强的走法是 21. h5，虽然在 21. … 后 f5　22. de ef　23. 后:f5 象:f5
24. 车 c1 d4　25. 马 d1 象 e4 之后，在残局中应胜的仍是黑方。实战白方选
择了让黑方精彩地结束对局。

21. … 车 f8:f4!

22. g3:f4 后 g6-g3!（图 57）

23. 马 c3:e4

　　白方不知所措。因为黑方不仅有
23. … 象 c5 的威胁，而且还有 23. … e3
的威胁。如改走 23. cd，黑则 23. … 象 c5
24. 马:e4 象 h3+再 25. … 后 g1+×。

23. … d5:e4

　　这比 23. … 象 h3+精准，因为白方
还可以抵抗。现在不可以走 24. 后:e4，
由于 24. … 象 c5　25. e3 象 f5!。

24. 车 d1:d7 象 b4-c5

如果不注意可能会输掉对局! 24. … e3　25. 车:g7+!!。

25. e2-e3 后 g3:f3+　26. 后 c2-f2 后 f3:h1+　27. 王 f1-e2 后 h1-h3

图 57

28. f4-f5 后 h3-g4+ 29. 王 e2-d2 车 a8-f8 30. e5-e6 后 g4:f5

但不能走 30. … 车:f5 31. 车 d8+ 象 f8 32. 后:f5！余下自明。

31. 后 f2:f5 车 f8:f5 32. 车 d7:b7 车 f5-f2+ 33. 王 d2-e1 车 f2-f6
34. b3-b4 象 c5:e3 35. 王 e1-e2 象 e3-g1 36. e6-e7 王 g8-f7 37. e7-e8 升后+
王 f7:e8 38. 车 b7:g7 车 f6-g6 39. 车 g7:h7 象 g1-d4 40. c4-c5 车 g6-g2+
41. 王 e2-f1 车 g2-f2+ 42. 王 f1-e1 e4-e3

白方认输。

第 56 局　菲立道尔防御
鲍特维尼克——罗曼诺夫斯基

1. e2-e4 e7-e5 2. 马 g1-f3 d7-d6 3. d2-d4 马 g8-f6 4. 马 b1-c3

如今索科里斯基的走法 4. de 马:e4 5. 马 bd2！被认为是最有力的。

4. … 马 b8-d7 5. 象 f1-c4 象 f8-e7 6. 0-0 0-0 7. 后 d1-e2 c7-c6
8. a2-a4 后 d8-c7 9. 车 f1-d1 h7-h6

导致黑方局势困难。

10. 象 c4-a2 a7-a6

黑方未能及时进兵 b7-b5，而 b6 格的弱点将有所体验。

11. h2-h3

也可以走 11. de，黑如接走 11. … 马:e5，则 12. 马 d4 或者 11. … de
12. 马 h4，然后再马 f5。

11. … 王 g8-h7 12. 马 f3-h4

现在这一着已经不那么有力。

12. … g7-g6 13. 马 h4-f3 马 f6-g8 14. 象 a2-b3 马 d7-f6 15. 象 c1-e3
象 c8-d7 16. a4-a5！车 a8-e8 17. d4:e5 d6:e5 18. 象 e3-b6 后 c7-b8
19. 车 d1-d2 象 d7-c8 20. 车 a1-d1 马 f6-h5 21. 后 e2-e3 g6-g5（图 58）

以新弱点为代价企图获得反先机会。

22. 马 c3-a4

马的调移看起来很吸引人，但却不能加强白方的局势。值得注意的走法

22. 马 h2 或者 22. 马 e2，随后转马至 f5。

    22. ··· g5-g4　23. h3:g4 象 c8:g4　24. 马 a4-c5 马 g8-f6　25. 车 d1-e1 马 h5-f4　26. 马 c5-d3 马 f4:d3　27. 车 d2:d3 马 f6-h5　28. 马 f3-h2 象 e7-g5　29. 后 e3-c5 象 g5-e7　30. 后 c5-e3 象 e7-g5　31. 后 e3-c5 象 g5-e7　32. 后 c5-c3 车 b8-c8　33. g2-g3 f7-f6　34. 后 c3-d2 象 g4-e6　35. 象 b3:e6

图 58

比较准确的是走 35. 后 e2!，如接走 35. ··· 象:b3，则 36. cb 马 g7　37. 后 g4!。

    35. ··· 后 c8:e6　36. 后 d2-e2 马 h5-g7

如改走 36. ··· 后 h3？　37. g4，黑恐不妙。

    37. 车 e1-d1 车 f8-f7　38. 车 d3-d7

造成简化。改走 39. 王 g2 及以后马 g4，白方保持比较大的优势。

    38. ··· 象 e7-f8　39. 车 d7:f7 后 e6:f7　40. 马 h2-g4 h6-h5　41. 马 g4-e3 车 e8-e6　42. 后 e2-c4 王 h7-g6　43. 王 g1-g2

给黑方和棋的机会。在 43. 象 c5! 之后，黑方的任务比较繁重。

    43. ··· 车 e6-d6　44. 车 d1:d6 象 f8:d6　45. 后 c4:f7+ 王 g6:f7　46. 马 e3-f5 象 d6-f8　47. 马 f5:g7 王 f7:g7　48. 王 g2-h3 王 g7-g6　49. f2-f4 e5:f4

和棋。

第 57 局　后翼弃兵

鲍特维尼克——涅纳罗科夫

1. d2-d4 马 g8-f6　2. c2-c4 c7-c6　3. 马 b1-c3 d7-d5　4. e2-e3 g7-g6

斯拉夫防御中的施列赫切尔变着，它能给黑方拘谨但牢固的局势。

5. 马 g1-f3 象 f8-g7　6. 后 d1-b3

通常白方走 6. 象 d3 或者 6. 象 e2，或许有力一些。

6. … 0-0　7. 象 c1-d2 e7-e6　8. 象 f1-d3 马 b8-d7　9. 0-0 马 d7-b6　10. 马 f3-e5

走 10. 车 fd1 及其后的 e4，形成复杂局面。

格林菲尔德黑马的调动马 b8-d7-b6 令人生疑。对于黑方完全靠得住的防御（代替格林菲尔德的手法）至今尚未找到。尽管某些苏联的大师采用 7. … b6，取得一些令人满意的局面。

10. … 马 f6-d7　11. f2-f4 马 d7:e5　12. f4:e5 d5:c4　13. 象 d3:c4 c6-c5!

当然要比走 13. … 象:e5　14. de 后:d2　15. 车 f3!（只是不能走 15. 马 e4，由于 15. … 后 a5）要好。

现在黑方很快失去半个子换取两个兵，获得双象及良好的赢棋机会。

14. 马 c3-e4 c5:d4　15. 象 d2-b4 象 g7:e5

半个子不可挽救，因为如走 15. … 车 e8，白有 16. 马 d6。

16. 象 b4:f8 后 d8:f8　17. e3:d4 象 e5:d4+　18. 王 g1-h1 后 f8-h6

正确的是走 18. … 象 d7!，此后白方在较好的情形下可以指望走和。现在黑方的第 8 横线缺少防御，白方开始向对方的王展开进攻。

19. 车 a1-d1 象 d4-e5　20. 车 d1-d8+ 王 g8-g7　21. g2-g3

但不能走 21. h3，由于 21. … 后 h4。

21. … 象 c8-d7!

好棋，防范白方 22. 后 b4 杀王。现在白如接走 22. 车:a8，黑方应以 22. … 象 c6! 轻易取胜，但是接下来对于黑方却是个小的意外。

22. 车 d8:d7! 马 b6:d7　23. 象 c4:e6（图 59）

23. … f7:e6

不得已。因为如走 23. … 马 f6，白可简单地走 24. 马:f6 象:f6　25. 后:b7

图 59

车 f8　26. 后∶a7，白方多兵。在对局中所走的着法使黑方遭遇艰苦的防御，至终得到挽救。

24. 后 b3∶e6　王 g7-h8　25. 后 e6∶d7　车 a8-f8　26. 车 f1∶f8+ 后 h6∶f8

27. 王 h1-g2　后 f8-b8　28. 马 e4-g5　象 e5-g7　29. 马 g5-e6

另走 29. 马 f7+ 也一无所获，由于 29. … 王 g8　30. 后 e6 后 f8！

29. … 象 g7-f6

当然不能走 29. … 象∶b2，于是接走 30. 马 d8 h5　31. 马 f7+ 王 g7（31. … 王 g8 32. 马 g5 象 g7　33. 后 f7+ 王 h8　34. 后∶g6 等）32. 马 e5+！，白有决定性优势。

30. b2-b3　后 b8-g8　31. h2-h4　b7-b6

因为有在 a8 令人讨厌的将军，黑方慢慢得到解放。

32. 王 g2-f2　h7-h6　33. 马 e6-f4

最后一个企图。

33. … 后 g8-g7！　34. 后 d7-e8+ 王 h8-h7　35. 后 e8-e4 象 f6-e5！

唯一的但却是足够的着法。白如接走 36. 马∶g6，黑可 36. … 象∶g3+，得救。

36. 马 f4-d3　象 e5-d6

和棋。

第 58 局　法兰西防御

伊里因·热涅夫斯基——鲍特维尼克

1. e2-e4　e7-e6　2. 马 b1-c3　d7-d5　3. g2-g3

这种体系是塔尔塔科威尔设计的。在本对局中黑方最低限度是成功取得一个平局。

3. … d5∶e4　4. 象 f1-g2　象 c8-d7

也许比较好。可怕的是走 4. … f5，因为在 5. f3！之后白方用弃一兵的代价取得持久的先手。

5. 马 g1-h3

白方可以简单地走 5. d3 象 c6 6. de 后：d1＋ 7. 马：d1 平局。立刻走 5. 马：e4 不好，由于 5. … 象 c6 有不利的威胁 f5。实战所选择的着法不完全好，因为马在 h3 位是不利位置。

5. … 象 d7-c6 6. 0-0 马 b8-d7！

假如走 6. … 马 f6，则 7. 马 g5，位置不佳的马进入局势。

7. 马 c3：e4 马 g8-f6 8. d2-d3

黑方不怕 8. 马：f6＋和 9. 象：c6 这一变化，因为他认为沿 c 线的重叠兵可以与对方王翼上白格的弱点及 h3 马的不利位置作抵偿。以后白方这样走了，但任何好处也未捞到。

8. … 象 f8-e7 9. 马 h3-f4 0-0 10. 象 c1-d2 e6-e5

结束了出子，黑方转为进攻。由于不能 11. 马 e2，黑可 11. … 马 d5，然后再 12. … f5，白方无奈随后的兑。

11. 马 e4：f6＋ 马 d7：f6 12. 象 g2：c6 b7：c6 13. 马 f4-g2 后 d8-d7 14. 马 g2-e3 马 f6-d5 15. 马 e3-c4 f7-f6

黑方打算把 a8 车调至 e8，象至 d6 再走 f5。但是他不急于走象 f6，希望多少掩盖一下自己的计划。

16. 象 d2-e3 车 a8-e8 17. a2-a3

当然不可走 17. 象：a7，由于 17. … c5。

17. … a7-a6 18. 王 g1-g2！

不可能干扰黑方执行自己的计划，白方建立起牢固的击溃它绝非易事的防守性局势。

18. … 象 e7-d6 19. f2-f3 f6-f5 20. 象 e3-g1 车 f8-f6

要不要走 20. … 车 e6，因为车在 e8 对防守 e5 兵很必要。

21. 后 d1-e2

走 21. 后 d2 比较好，后在 e 线上位置不佳。

21. … h7-h5！ 22. 王 g2-h1 h5-h4 23. g3：h4

只此一种！自杀的走法是让黑方吃 g3 兵，毁掉王前阵型。现在黑方应当直接走车 h6，吃掉 h4 兵。黑方下得比较弱，优势开始渐渐蒸发。

23. … 马 d5-f4 24. 后 e2-d2 车 f6-h6 25. 象 g1-e3！

要害全在这里！现在白方及时兑掉黑方的马，很好地改善了子力的位置。

25. … 车 h6:h4 26. 象 e3:f4 车 h4:f4 27. 车 a1-e1 后 d7-f7 28. 后 d2-g2 后 f7-h5 29. 车 e1-e3

软着！正确的是走 29. 后 g3！，接如 29. … 车 e6，则 30. 后:f4，局势平先。

29. … 车 e8-e6 30. 车 f1-g1 后 h5-h6 31. b2-b4 车 f4-h4 32. 后 g2-e2

无法补救的错误！必须走 32. 车 e2，防止车 g6 带来的威胁。

此时黑方不能走 32. … e4，由于 33. 马:d6 ef 34. 车:e6！，白方胜。

32. … 后 h6-f4 33. 后 e2-g2

此后白方快速丢后。但是如走 33. 车 g2 也不好，因为接下来 33. … 车 h3，其后再车 eh6 渐入佳境。

33. … 车 e6-g6 34. 后 g2-f2 e5-e4！（图 60）

有决定意义的一着！较弱的是立刻走 34. … 车:h2+ 35. 后:h2 车 h6 36. 后:h6 后:h6+ 37. 王 g2。图中白方随后的着法迫不得已，因为如走 35. 车 e2，则 35. … 车:g1+和 36. … ef。同样输棋的还有 35. 车:g6 车:h2+ 36. 王 g1 车:f2 37. 王:f2 后 h4+及 38. … 象 f4。

35. 马 c4:d6 车 h4:h2+ 36. 后 f2:h2 车 g6-h6 37. 车 e3-e2 后 f4:f3+

针对白王停留在 h1 格，黑方已经

图 60

出现了胜机。37. … 车:h2+ 38. 车:h2 后:f3+ 39. 车 hg2 cd 40. 王 h2 后 h5+ 41. 王 g3 g5！。

38. 车 e2-g2 车 h6:h2+ 39. 王 h1:h2 后 f3-h5+ 40. 王 h2-g3 c7:d6 41. d3:e4 后 h5-g4+ 42. 王 g3-f2 后 g4-f4+ 43. 王 f2-e2 后 f4:e4+ 44. 王 e2-d2 后 e4-d4+ 45. 王 d2-e2 王 g8-f7 46. 车 g2-g6！

不给黑方把后转调至 h6 的机会，因为到那时胜利的取得会很容易。

46. … 后 d4-c3！ 47. 王 e2-d1 d6-d5

很有必要！例如，不可 47. … f4，由于 48. 车:g7+ 后:g7   49. 车:g7+ 王:g7
50. c4！王 f6   51. a4 王 e6   52. a5！d5（52. … 王 d7   53. 王 e2 d5   54. cd cd
55. 王 f3 王 c6   56. 王:f4 王 b5   57. 王 e5 王 c4   58.b5！）53.b5！王 d6
（53. … 王 d7   54. bc+ 王:c6   55. cd+ 王:d5   56. 王 e2）54. c5+！王 c7
55. b6+，在所有情形下都会以和棋为终结。

48. 车 g6-g3

白方终究把后放回至 h6，但这已经不会改变事实。另外，黑方还可依靠 f
兵的推进。

**48. … 后 c3-d4+   49. 王 d1-e2 后 d4-e4+   50. 王 e2-d2 后 e4-f4+
51. 王 d2-e2 后 f4-h6   52. 车 g1-g2 g7-g6！**

白方把最后一个希望寄托在 52. … f4 上，这时接走 53. 车:g7+和棋。现在
黑方的通路兵已不可遏止，在车:g6 之后王能及时跟上保兵。

**53. a3-a4 f5-f4   54. 车 g3-c3 g6-g5   55. b4-b5 后 h6-h5+   56. 王 e2-d2
c6:b5   57. a4:b5 a6:b5   58. 车 c3-c7+ 王 f7-f6   59. 车 c7-c6+ 王 f6-f5
60. 车 c6-c5 后 h5-f7   61. 车 c5:b5 g5-g4   62. c2-c4 f4-f3   63. 车 g2-g1 f3-f2
64. 车 g1-f1 g4-g3   65. 车 b5:d5+ 王 f5-g4   66. 车 d5-d4+**

黑方突然发现，如匆忙走 66. … 王 f3?，此时 67. 车 c1 g2   68. 车 c3×！。

66. … 王 g4-h3

白方认输。

第 59 局   古印度防御
鲍特维尼克——霍洛德凯维奇

**1. d2-d4 马 g8-f6   2. c2-c4 g7-g6   3. 马 b1-c3 象 f8-g7   4. e2-e4 d7-d6
5. g2-g3 0-0   6. 象 f1-g2 马 b8-d7   7. 马 g1-e2 c7-c5**

在走这个对局的年代，古印度防御不曾像今天这般研究过，黑方未能拥有
具积极反先下法的多种多样的体系。在本变化中白方获得空间上的极大优势。

**8. 0-0 c5:d4   9. 马 e2:d4 马 d7-e5   10. b2-b3 象 c8-d7   11. 象 c1-b2
马 e5-c6   12. 马 c3-d5**（图 61）

鲍特维尼克惯用的战略模式。为了摆脱令人十分生厌的马，黑方在自己的局势中形成了实质性的弱点做了偿还，这就是有了落后的 e7 兵。

12. … 马 f6∶d5　13. e4∶d5　马 c6∶d4

14. 象 b2∶d4　b7-b5　15. 象 d4∶g7

王 g8∶g7　16. 后 d1-d4+　王 g7-g8

17. c4∶b5　象 d7∶b5　18. 车 f1-e1

后 d8-d7　19. 车 e1-e3　f7-f5

图 61

又交出一个重要的 e6 格。但是白方的威胁集中了三个朝向 e7 格的打击，逼迫黑方进 f 兵以求解脱 f7 格。

20. a2-a4　象 b5-a6　21. 车 a1-e1　车 f8-f7　22. b3-b4　象 a6-b7　23. b4-b5 a7-a6

又一个致命性的削弱。假如黑方不走这一着，则在象 g2-f1 及 a4-a5-a6 之后使他的子很拘谨。

24. b5-b6　车 a8-c8　25. a4-a5　车 c8-c5　26. 车 e3-c3　车 c5∶c3　27. 后 d4∶c3 车 f7-f8　28. 后 c3-e3　车 f8-e8　29. 车 e1-c1　车 e8-c8　30. 车 c1∶c8+ 象 b7∶c8　31. 后 e3-e6+！后 d7∶e6　32. d5∶e6　王 g8-g7　33. b6-b7　象 c8∶b7 34. 象 g2∶b7　王 g7-f6　35. 象 b7∶a6　王 f6∶e6　36. 象 a6-c8+

黑方认输。

第 60 局　法兰西防御

鲍特维尼克——巴甫洛夫·皮扬诺夫

1. e2-e4　e7-e6　2. d2-d4　d7-d5　3. 马 b1-c3　象 f8-b4　4. e4-e5　f7-f6 较为积极的是走 4. … c5。现在白方有明显优势。

5. 马 g1-f3　c7-c5　6. a2-a3　象 b4-a5 见同拉高金对局第 54 局的评注。

7. b2-b4 c5:b4 8. 马 c3-b5 b4-b3+

黑方不让白象到 a3 位，但现在白方轻易捞回一兵，黑方也以自己拘谨的局面失去这次微弱的补偿。

9. c2-c3 马 b8-c6 10. 后 d1:b3 象 a5-c7 11. 象 c1-f4! f6-f5

迫不得已，有 12. 马:c7+ 后:c7 13. ef 的威胁。

12. 象 f1-d3 马 g8-h6

不可走 12. … 马 ge7，由于 13. 马 d6+ 象:d6 14. ed 马 g6 15. 象 e5! 等。

13. 0-0 0-0 14. c3-c4! 马 c6-a5 15. 后 b3-a2 d5:c4 16. 象 d3:c4 马 a5:c4 17. 后 a2:c4 象 c7-b8

如走 17. … 象 b6，接走 18. 马 d6 及以后 d4-d5。

18. 车 a1-c1 马 h6-f7 19. 车 f1-d1 a7-a6 20. 马 b5-c3 b7-b5 21. 后 c4-b3

黑方毫无办法应对 d4-d5 突破，此后对局迅速结束。不可走 21. … g5，由于 22. d5!，在较好的走法 21. … 后 e8 22. d5 ed 23. 马:d5 象 e6 24. 马 d4! 之后黑方应负。

21. … 王 g8-h8 22. d4-d5 e6:d5 23. 马 c3:d5 象 c8-e6

黑方认为，在这里只有白方走 24. 后 d3 才能松开手，此后面临一个残局。但是……

24. 后 b3-b4! 后 d8-e8 25. 马 d5-c7 象 b8:c7 26. 车 c1:c7 车 a8-d8

另一走法不能挽救：26. … 象 c4 27. 车 e7 后 c6 28. e6!。

27. 车 d1-e1 车 d8-d7 28. 车 c7:d7 象 e6:d7 29. e5-e6! 象 d7-c6 30. e6:f7 后 e8:f7 31. 马 f3-e5

黑方认输。

五金工人工会冠军赛

（1927 年 12 月至 1928 年 2 月，列宁格勒）

第 61 局　后翼弃兵

鲍特维尼克——尤里耶夫

1. d2-d4 马 g8-f6　2. c2-c4 e7-e6　3. 马 g1-f3 d7-d5　4. 象 c1-g5 象 f8-e7　5. e2-e3 0-0　6. 马 b1-c3 马 b8-d7　7. 象 f1-d3 a7-a6

鲍氏的解说：当车在 a1 位时这一体系没有意义，会让白方有力地把对方挤压在后翼上。

8. c4-c5 c7-c6　9. b2-b4 a6-a5　10. a2-a3 a5:b4　11. a3:b4 车 a8:a1　12. 后 d1:a1 b7-b6　13. 象 g5-f4 !

斗争的进行围绕在进兵 e6-e5 上。白方有全部机会阻止这一着或者……

13. … b6:c5　14. b4:c5 马 f6-h5　15. 后 a1-a7 马 h5:f4　16. e3:f4 f7-f6　17. 0-0 e6-e5　18. 象 d3-f5 !（图 62）

或者证实它的无害性，因为白方把持着 c5 前哨。黑方没有选择，他应打击的是 d4 兵。

图 62

18. … e5:d4　19. 马 c3-a4

战略计划的战术根据。白方保持压力，因为走 19. … 马：c5　20. 象：c8 马：a4　21. 象 e6+导致失子。黑方所选择的着法同样也导致输棋：b6 兵太强大。

19. … 马 d7-b6　20. c5:b6 象 c8:f5　21. 马 f3:d4 象 f5-d7　22. f4-f5 后 d8-c8　23. 马 d4-e6

为马夺得 c5 格，确立了速胜局面。

23. … 象 d7：e6   24. 后 a7：e7 象 e6：f5   25. b6–b7 后 c8–b8   26. 马 a4–c5 车 f8–f7

改走 26 … 车 e8   27. 后：e8+ 后：e8   28. 马 a6 象 d3   29. b8 升后 后：b8   30. 马：b8 象：f1   31. 王：f1，白方胜利在望。

27. 后 e7–e2 王 g8–f8

导致杀着的是 27. … 车：b7   28. 马：b7 后：b7   29. 后 e8×。

28. 后 e2–a6 车 f7–e7   29. 后 a6–a8 车 e7–e8   30. 后 a8：b8 车 e8：b8 31. 车 f1–a1

黑方认输。

本对局 1928 年曾刊载于《列宁格勒真理报》上，在国际象棋界尚不为人熟知。奇异的是到 20 回合之前在鲍特维尼克同堪恩 1945 年全苏第十四届冠军赛上所下的对局重复出现。白方选择 20. 象：c8，同样也会令人满意地取得胜利。

教育行业工会冠军赛
（1928 年 11 月至 1929 年 2 月，列宁格勒）

第 62 局　后翼弃兵
鲍特维尼克——沙罗夫

1. d2-d4 d7-d5　2. c2-c4 c7-c6　3. 马 g1-f3 马 g8-f6　4. e2-e3 e7-e6
5. 马 b1-d2

大家知道，现在黑方走 5. … 马 e4 不利，但完全可以走 5. … c5，在阿列亨——维德马尔的对局（杰迈林，1926 年）中曾走过，局势近乎拉平。实战黑方的选择给了白方很大机会。

5. … 马 b8-d7　6. 象 f1-d3 象 f8-d6　7. 0-0 0-0　8. e3-e4 d5：e4
9. 马 d2：e4 马 f6：e4　10. 象 d3：e4 后 d8-c7

黑方有两个威胁：e5 和 c5 突破，解放他的局势。白方允许 c5 突破，因为在此情形下后翼上他获得三个兵对两个兵。

11. 象 e4-c2 车 f8-e8　12. 后 d1-d3 马 d7-f8　13. 车 f1-e1

现在 e5 突破被预防，黑方去完成自己第二个威胁。

13. … c6-c5　14. d4：c5 象 d6：c5　15. a2-a3 b7-b6　16. b2-b4 车 e8-d8?

显然，只顾"诱使"对方走 17. 后 e4? 象 b7 而没有发现白方过渡性的应着。在本文中的着法之后黑方的局势立刻变坏，而改走 16. … 象 e7 会给他满意的局面。

17. 象 c1-f4! 后 c7-e7

唯一走法！假如走 17. … 象 d6，则 18. 车 ad1，而在 17. … 车：d3　18. 象：c7 车 d7　19. 象 e4 之后黑方丢失半个子。

18. 后 d3-c3 象 c5-d6　19. 象 f4：d6 车 d8：d6?

这步很自然的应着竟是严重错误。实际上在 19. … 后：d6 之后黑方局势也不好，但白方后续缺乏有力的着法。

20. c4–c5！b6：c5 21. b4：c5 车 d6–d7

黑方刚刚发现，不可以走 21. … 车 c6 或者车 d5，由于 22. 象 e4 车：c5
23. 后 b2！等。在 21. … 车 d8 22. 象 e4 之后得到的变化与对局中遇到的几
乎类似。

22. 象 c2–e4 车 a8–b8 23. 马 f3–e5
后 e7–f6

或许黑方把希望寄托于这着棋上，
但是……

24. 后 e3–g3 车 d7–c7 25. 马 e5–g4
后 f6–e7 26. 马 g4–f6+ 王 g8–h8
27. 马 f6–e8（图 63）

马，富有情趣的旅行。

27. … 后 e7：e8 28. 后 g3：c7
车 b8–b2 29. 车 a1–d1

黑方认输。

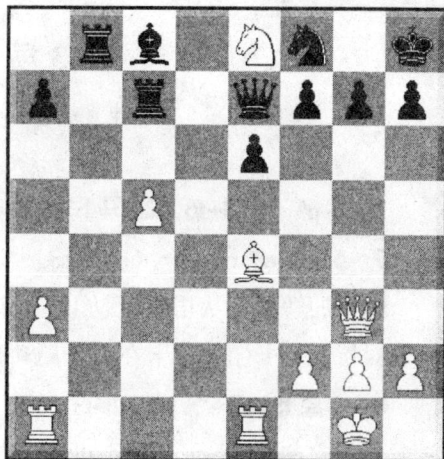

图 63

城市间大学生团体比赛
（1929年1月，莫斯科）

第63局　后翼弃兵
波里雅克——鲍特维尼克

1. c2-c4 马g8-f6　2. 马b1-c3 e7-e6　3. d2-d4 d7-d5　4. 象c1-g5 马b8-d7　5. e2-e3 c7-c6　6. a2-a3

鲍氏的解说：从根本上防止肯姆布利日—斯普林格斯防御的着法。1927年的对抗赛上卡帕布兰卡在第5局和阿列亨在第34局中曾这样走过。

6. … 象f8-e7　7. 马g1-f3 0-0　8. 车a1-c1

假如立刻走8. 象d3，则可能走8. … dc　9. 象：c4 b5　10. 象d3 a6。在本文中的着法之后黑方能在两者之间做选择：其一走8. … dc和9. … 马d5（通常的卡帕布兰卡体系）和其二在对局中形成的多少有些陈腐的8. … b6。

8. … b7-b6　9. c4：d5 e6：d5

在所获得的局势中白方适宜地按照杜拉斯的方式走10. 后a4，于是接走10. … 象b7，不可走11. 象a6，由于11. … b5，因此不得已把自己的目光转向王翼。

10. 象f1-d3 象c8-b7　11. 0-0

不准确，此后黑方毫无困难地拉平局势。正确的是走11. 后c2，阻止11. … 马e4。

11. … 马f6-e4　12. 象d3：e4

任何其他着法黑方都能把e4格掌控在自己手中且局势较好。

12. … 象e7：g5　13. 马f3：g5 后d8：g5　14. 象e4-b1 车f8-e8　15. 后d1-d3 马d7-f8　16. f2-f4

急躁冒进。黑方现在应当走16. … 后e7，棋局不错。退后至f6能引起某些复杂化。

16. … 后 g5-f6 17. e3-e4! d5∶e4 18. 马 c3∶e4 后 f6-e7 19. 车 c1-e1!

一无所获的走法是 19. 马 g5 h6！（但不能走 19. … 后 e3+ 20. 后∶e3 车∶e3 21. 象 a2！）20. 马 h7 后 e3+。

19. … c6-c5

初看有些令人怀疑的着法，实际上是唯一合适的选择。劣着是走 19. … 车 ad8 20. 后 g3！黑方十分不快。

假如白方马上走 20. 马∶c5，则接下走 20. … 后∶e1 21. 车∶e1 车∶e1+ 22. 王 f2 车 e7（或者 22. … 车∶b1），最低限度是和棋。白方快速和棋的是 20. d5 f5 21. d6 fe 22. de ed 23. ef 升后+，他接着走：

20. 马 e4-g5 后 e7-d6（图 64）

在对局时，鲍特维尼克没有发现在 20. … 后∶e1 21. 车∶e1 车∶e1+ 22. 王 f2 车 e7 23. 马∶h7 之后，黑方有一个简单的但却令人信服的应着 23. … 象 e4！带来一切赢棋机会。

现在白方该如何走？正确解答这一问题并非易事。输棋的走法是 21. dc 后∶c5+ 22. 王 h1 车∶e1 23. 车∶e1 后 f2。若走 21. 马∶f7 后 d5 也明显不好。余下唯一及最有力的着法是

图 64

21. 车 e5！，剥夺黑方的 d5 格，但显然黑方在此情形下也能取得和棋，例如，21. … 马 g6！ 22. 马∶f7！后∶d4+ 23. 后∶d4 cd 24. 象 a2！马∶e5 25. fe 象 a6！26. 车 f2 h6！27. 马 d6+ 王 h7 28. 马∶e8 车∶e8 29. e6 d3。

21. 马 g5∶h7 后 d6-d5!

显然白方没有注意到黑后的奇特手法。他仅仅顾及 21. … 后∶d4+。

22. 后 d3-h3 后 d5∶d4+ 23. 王 g1-h1 后 d4-f2 24. 车 e1-c1

较好的是走 24. 车 d1，不可走 24. … 车 ad8，由于 25. 马 f6+ gf 26. 后 g4+ 再 27. 车∶f2（由拉林指出，《苏联的棋弈》1953 年第 12 期）。在 24. 车 d1 之

后黑方可在两种走法间做选择：24. … 象：g2+ 25. 后：g2 后：g2+ 26. 王：g2 马：h7 27. 象：h7+ 王：h7 28. 车 d7 王 g6 以及比较尖锐的 24. … 后：b2 25. 马：f8 车 e2 26. 车 g1 王：f8。不中用的走法是 24. 马：f8 车：e1。

　　24. … 象 b7：g2+ 25. 后 h3：g2 后 f2：g2+ 26. 王 h1：g2 马 f8：h7

27. 象 b1：h7+

　　不把弱子兑掉就不会给局势带来质的改变。

　　27. … 王 g8：h7 28. 王 g2-f3 车 a8-d8 29. 车 c1-d1 王 h7-g6 30. 车 f1-e1 王 g6-f6 31. h2-h3 车 e8：e1 32. 车 d1：d8 车 e1-c1 33. 车 d8-d2 c5-c4 34. 车 d2-d6+ 王 f6-e7 35. 车 d6-d2 c4-c3 36. 车 d2-e2+ 王 e7-d6 37. 王 f3-f2 c3：b2 38. 车 e2：b2 车 c1-c3 39. 车 b2-d2+ 王 d6-e6 40. 车 d2-e2+ 王 e6-f6

　　白方认输。

高等学校团体赛
（1929年5月，列宁格勒）

第64局　后翼弃兵

鲍特维尼克——高里德别尔格

1. d2—d4 马g8—f6　2. c2—c4 e7—e6　3. 马b1—c3 d7—d5　4. 象c1—g5 马b8—d7　5. e2—e3 c7—c6　6. 马g1—f3 象f8—e7　7. 象f1—d3 0—0　8. 0—0 d5：c4　9. 象d3：c4 b7—b5　10. 象c4—d3 象c8—b7　11. 车a1—c1 a7—a6 12. a2—a4 车a8—c8　13. 后d1—e2 车f8—e8　14. 车f1—d1 后d8—b6　15. 马f3—e5 h7—h6

不可走15. … b4　16. 马e4 c5，由于17. 马：d7 马：d7　18. 象：e7 车：e7 19. dc 马：c5　20. 马：c5 车：c5　21. 车：c5 后：c5　22. 象：a6。

16. 象g5—h4 马d7：e5

劣着是走16. … b4　17. 马e4 马：e5 18. de 马：e4　19. 象：e7 车：e7 20. 象：e4 c5　21. 车d6 等。

17. d4：e5 马f6—d7　18. 象h4：e7 车e8：e7　19. f2—f4 马d7—c5

必须防止白马游窜到d6位。

20. 象d3—b1 b5—b4（图65）

21. 后e2—c2! g7—g6　22. 马c3—e2 马c5—d7　23. 车d1—d4 c6—c5

黑方终于实现兵的推进，但却处于对己很不利的情形下。

24. 车d4—d6 后b6—c7　25. h2—h4 f7—f5

图65

削弱了 e6 格。略有计谋的是走 25. … h5，假如 26. g4，则 26. … hg 27. h5 马 f8。

26. 象 b1–a2

当然不能走 26. ef?，由于 26. … 马:f6 27. 后:g6+ 车 g7。

26. … 王 g8–f7 27. 马 e2–d4 马 d7–f8 28. 后 c2–d2 后 c7–a5

29. 马 d4:e6! 马 f8:e6 30. 车 d6:e6 车 e7:e6 31. 后 d2–d7+ 王 f7–f8

32. 后 d7:e6

黑方认输。

克列切维茨—诺夫哥罗德对抗赛
（1929 年 7 月）

第 65 局　后翼弃兵

鲍特维尼克——索津

1. d2-d4 d7-d5　2. c2-c4 c7-c6　3. 马 g1-f3 马 g8-f6　4. e2-e3 e7-e6
5. 象 f1-d3 马 b8-d7　6. 0-0

鲍氏的解说：当时我担心索津非常熟悉米兰变化，因此没走 6. 马 c3。

针对着法 6. 0-0，黑方应当简单地走 6. … dc　7. 象：c4 象 d6，然后走
0-0 和 e6-e5，享有主动权。

6. … 象 f8-e7　7. 马 b1-c3 0-0　8. e3-e4 d5：e4　9. 马 c3：e4 b7-b6

这个体系在当时属黑方表现不错。在本局中白方成功寻觅到创新的下法。

10. 象 c1-f4 象 c8-b7　11. 马 e4-c3！

如接走 11. … c5，白方打算 12. d5 ed　13. cd 马：d5　14. 马：d5 象：d5
15. 象：h7+ 王：h7　16. 后：d5。显然
黑方应当走这个变化，因为以后他不
可能走 c5，由于有应对的 d4-d5。

11. … h7-h6　12. 象 d3-c2 车 f8-e8
13. 后 d1-d2 马 d7-f8　14. 车 a1-d1
象 e7-d6　15. 马 f3-e5 后 d8-e7
16. 象 f4：h6 （图 66）

具有局面特征的弃子。白方姑且
以一子换得两兵，但黑王位置暴露，
且白方有机会将重子迅速向王翼调移。
不得不承认，白方的攻势未必能够打

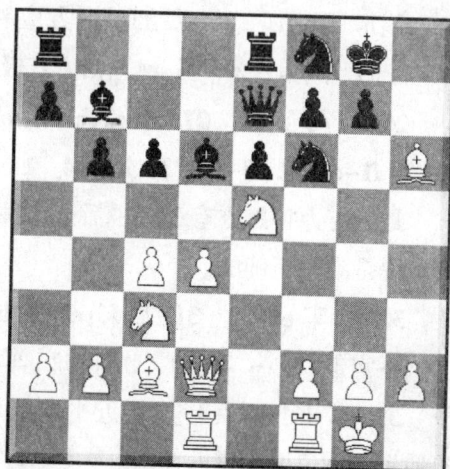

图 66

退黑方。

16. … g7:h6　17. 后d2:h6　象d6:e5

黑方明白，白方的马或早或晚必须得灭掉。他马上对此做出决断，为的是取得与18. … 马g4 有关联的反先机会。

18. d4:e5　马f6-g4

走18. … 马6h7 立刻输掉，由于19. 马e4。

19. 后h6-f4　f7-f5　20. e5:f6

在20. h3 马g6　21. 后g3 马4:e5　22. f4 后g7 之后，子力恢复平衡，但我宁愿继续进攻。

20. … 马g4:f6　21. 车d1-d3　e6-e5　22. 后f4-h6　马f6-h7　23. 车d3-g3+　王g8-h8　24. 马c3-e4　车a8-d8　25. 马e4-g5

或许走25. f4 能给出一切根据，期望胜利。由于f5 的威胁，黑方没有任何比较好的棋，好像25. … ef，但此时接走26. 车:f4，连带有不可预防的威胁车fg4 或者马f6。选择走25. 马g5 是白方没算到黑方的第30 着。

25. … 车d8-d7　26. 马g5:h7

1950 年才找到正确的进攻法，走26. 车h3！（由卡斯帕罗夫指出，《苏联的棋弈》1951 年第1 期）白方可以成功地实现向黑王阵地的进攻，例如，26. … 后g7（26… 车d6　27. 后:d6）27. 后h5 车8e7　28. 马:h7 马:h7　29. 象:h7 后:h7　30. 后f5，白方应胜，或者26. … e4　27. 象:e4 后g7　28. 后h5 车:e4　29. 马:e4，白方有极大优势。

26. … 马f8:h7　27. 象c2:h7　后e7:h7　28. 后h6-f6+　车d7-g7

29. 车f1-d1　象b7-c8　30. h2-h4

最为有力！黑方有31. … 后f5 威胁夺得先手。因此在对局中的走法对白方来说是唯一正确的。

30. … 车e8-g8　31. 后f6:e5　后h7-f5

不宜走31. … 后:h4，由于32. 车d4 后h6（32. … 后e7　33. 后:e7 丢子）33. 车d6！现在形成接近平衡的局面，但是白方存在三个相联通路兵，迫使黑方做争取和棋的斗争。

32. 后e5:f5　象c8:f5　33. 车g3:g7　车g8:g7　34. f2-f3！象f5-e6　35. b2-b3

王h8-g8　36. 车d1-d6　象e6-d7　37. g2-g4　王g8-f8　38. 王g1-f2　王f8-e7

39. 车d6-d2　a7-a5

上一着白方应当走车d3或者车d1。在这里黑方面临走39. … 象：g4

40. fg　车：g4加速成和，因为h4兵无法防御。

40. 王f2-g3　象d7-e8　41. 王g3-f4　车g7-f7+　42. 王f4-g3　王e7-f6

43. 车d2-e2　车f7-e7

兑车之后，黑方输棋。应走 43. … 象d7，纵使在此情形下三个相联通路兵也很可怕。

44. 车e2：e7　王f6：e7　45. h4-h5　王e7-f6　46. 王g3-f4　b6-b5

预见到危险性，黑方力争兑兵。

47. c4：b5　c6：b5　48. g4-g5+　王f6-g7

另走48. … 王e6　49. 王g4　象d7　50. f4　王d5+　51. 王h4　王e4

52. h6！象f5　53. 王h5，黑方无法挽救。

49. h5-h6+　王g7-g6　50. 王f4-e5　象e8-f7　51. f3-f4　象f7-g8

52. 王e5-d6　a5-a4　53. b3：a4　b5：a4　54. a2-a3

黑方使自己在后翼免遭输棋之后，斗争的结局在王翼开始了。

54. … 象g8-h7　55. 王d6-e7

在55. 王e6！象g8+　56. 王e7　象h7　57. 王f8之后，胜利的取得成为易事。

55. … 象h7-g8　56. 王e7-d6

白方力求修复局面，但黑方已经开始戒备了。

56. … 王g6-f5　57. 王d6-e7　王f5-g6（图67）

有意思的是：此时如轮到黑方先走，黑方会输。

图67

这样一来白方必须赢得速度。他可以用如下方式取得：58. 王d7！王f
（58. … 象h7　59. 王e6，而假如走58. … 王f7　59. f5　象h7　60. g6+　象：g6

105

61. fg+ 王:g6，黑方想和缺少一先) 59. 王 e8! 王 g6 60. 王 e7!，胜。

58. 王 e7-e8 象 g8-e6 59. 王 e8-f8 象 e6-f5 60. 王 f8-e7 象 f5-c2

61. 王 e7-d6 象 c2-d3 62. 王 d6-e6 象 d3-c4+ 63. 王 e6-e7

白方现在才看到 63. 王 e5 象 d3 64. f5+ 象:f5 65. h7 王:h7 66. 王:f5 导致和棋，因为黑王来得及走到 a8 格。因此在几个回合之后，双方同意和棋。

对局的所有阶段都饶有兴趣。

苏联第六届冠军赛 小组预赛
（1929年9月2~7日，敖德萨）

第66局 后翼弃兵
弗列依曼——鲍特维尼克

1. d2-d4 d7-d5 2. c2-c4 e7-e6 3. 马g1-f3 马g8-f6 4. 象c1-g5 马b8-d7 5. 马b1-c3 c7-c6 6. e2-e3 象f8-e7 7. 车a1-c1 0-0 8. 象f1-d3 b7-b6 9. 0-0 象c8-b7 10. 后d1-e2 c6-c5 11. 车f1-d1 车a8-c8

黑方取得了令人满意的出子效果。但后在d8位，面对d1车，令人提心吊胆。白方采用随后的着法转向直接的威胁。

12. d4:c5 马d7:c5

劣着是走 12. … bc 13. cd ed 14. 象f5！白方有可胜的局势。

13. 象d3-b1 后d8-e8 （图68）

唯一的着法。如走 13. … 后c7，接下 14. 象f4 等。

14. c4:d5

此着之后，黑方已经体验不到困难。较好的是走 14. 象:f6 象:f6 15. cd 象:c3 16. 车:c3 象:d5 17. 象:h7+ 王:h7 18. 马g5+ 王g6

图68

19. 后g4 f5！ 20. 后g3 王f6 21. 马h7+ 王f7 22. 马:f8 后:f8 或者走 17. 马g5 f5 18. e4 fe 19. 马:e4 马:e4 20. 车:c8 后:c8 21. 象:e4 后c5 等。显然，这样一些走法使黑方棋局不坏。

14. … 马f6:d5 15. 马c3:d5 象b7:d5 16. 象g5-f4

较简单的是走 16. 象：e7 均势。现在黑方应当 17. … f5！巩固 d5 象的位置，他的局势值得肯定。局中的出击实际上无任何损害，但终究根据不足。

16. … 后 e8-a4　17. 马 f3-g5

正确的是走 17. b3。

17. … f7-f5　18. 车 d1-d4

改走 b3 也比较好。实战中黑方不可能走 18. … 马 b3　19. 车：c8 马：d4
20. 车：f8+，但是走了随后的一着黑方已经有马 b3 威胁。

18. … 后 a4-e8　19. 车 c1-d1　象 e7-f6　20. 车 d4：d5

在这步弃子之后白方很快输掉，但即使为挽救棋局走 20. 车 4d2　b5！之后有象 c4 和 e6-e5 的威胁，黑方大占优势。

20. … e6：d5

现在白方既不可走 21. 车：d5　象：g5　22. 象：g5 马 e4 及 23. … 车 c1+；又不可走 21. 象：f5　象：g5　22. 象：c8 象：f4 等。

21. 马 g5-h3　后 e8-d7　22. f2-f3　马 c5-e6

一旦走 22. 象：f5 则以马：f4 应付。

23. 后 e2-d3　g7-g6　24. e3-e4

白方认输。接着走下去：24. … 象 f6-d4+　25. 王 g1-h1　f5：e4　26. f3：e4
马 e6：f4　27. 后 d3：d4　马 f4：h3　28. g2：h3　后 d7-f7！　29. e4：d5　后 f7-f3+
30. 王 h1-g1　车 c8-c4！　31. 后 d4：c4　后 f3：d1+　32. 王 g1-g2　后 d1-f3+
33. 王 g2-g1　后 f3-f2+　34. 王 g1-h1　后 f2-f1+。

第67局　后兵开局

穆德洛夫——鲍特维尼克

1. d2-d4　马 g8-f6　2. e2-e3　e7-e6　3. 象 f1-d3　象 f8-e7　4. f2-f4　c7-c5
5. c2-c3　b7-b6　6. 马 g1-f3　0-0　7. 0-0　象 c8-a6　8. 象 d3：a6　马 b8：a6
9. 后 d1-e2　后 d8-c8　10. e3-e4　后 c8-b7　11. 马 b1-d2　c5：d4　12. e4-e5
马 f6-d5　13. 马 f3：d4

走 13. cd 之后黑方控制 c 线。

13. ··· f7-f5　14. 车 f1-f3

以后事件的进程以黑子刻意向中间靠拢为目的与白方根据不足的进攻企图相对抗为特征。

14. ··· 马 a6-c5　15. 马 d2-f1　马 c5-e4　16. 车 f3-h3　g7-g6　17. g2-g4？王 g8-h8　18. 马 f1-g3　马 e4：g3

19. h2：g3　象 e7-c5　20. 象 c1-e3

导致丢兵。必须走 20. g5。

20. ··· f5：g4　21. 车 h3-h4　h7-h5

22. 马 d4-c2　马 d5：e3　23. 马 c2：e3

后 b7-e4　24. 王 g1-f2（图 69）

让黑方精彩地结束争斗。

24. ··· 车 f8：f4+！　25. g3：f4

后 e4：f4+　26. 王 f2-e1　象 c5：e3

27. 车 h4-h1　车 a8-f8　28. 车 h1-f1

象 e3-d2+

白方认输。

图 69

第 68 局　后翼弃兵

鲍特维尼克——柳明

1. d2-d4　d7-d5　2. c2-c4　e7-e6　3. 马 g1-f3　马 g8-f6　4. 象 c1-g5　象 f8-e7

5. e2-e3　马 b8-d7　6. 马 b1-c3　0-0　7. 象 f1-d3　c7-c6　8. 0-0　a7-a6

9. 后 d1-c2　h7-h6　10. 象 g5-h4　d5：c4　11. 象 d3：c4　马 f6-d5　12. 象 h4-g3

马 d5：c3　13. b2：c3　b7-b5　14. 象 c4-e2　象 c8-b7　15. a2-a4　车 a8-c8

16. 车 f1-b1　马 d7-f6　17. 马 f3-e5　c6-c5

黑方未能以较好方式演绎"扩大的侧翼出象"体系，因而获得困难的局面。消极防守不符合柳明的风格，弃一兵寻求反先机会。

18. a4：b5　c5：d4　19. e3：d4

如走 19. ba，接下来走 19. ··· 象 e4　20. 象 d3　车：c3。

109

19. … a6：b5

在 19. … 后：d4   20. cd 车：c2   21. ba 象 e4   22. 象 f3，a 兵很有力。

20. 车 b1：b5 象 b7-d5   21. 象 e2-f3 象 d5：f3   22. 马 e5：f3 马 f6-d5
23. c3-c4 象 e7-f6   24. c4-c5

也可走 24. 后 b3 马 e7   25. 车 d1。

24. … 马 d5-e7   25. 后 c2-e4 马 e7-f5   26. 车 a1-d1 后 d8-d7   27. 车
b5-b1 车 f8-d8

柳明以富有创造性的下法向 d4 兵施加压力，不过白方有足够的防御。

28. 象 g3-e5 象 f6：e5   29. 后 e4：e5 后 d7-d5

如走 29. … f6，白方应 30. 后 e2，但不能走 30. 后 e4，由于 e5   31. 车 b7 后 d5 等。

30. 后 e5：d5 车 d8：d5   31. 王 g1-f1 车 c8-d8（图 70）

显然黑方把希望寄托在这一局势上。d4 兵间接地可护 c 兵，但此时后一个却成为攻击目标。

32. c5-c6! 车 d8-c8   33. 车 d1-c1!
车 d5-d6   34. c6-c7 车 d6-d7

图 70

35. 车 b1-b8 马 f5-e7   36. 车 b8：c8+
马 e7：c8   37. 马 f3-e5 车 d7-e7   38. 王 f1-e2 f7-f6   39. 马 e5-d3 王 g8-f7
40. 车 c1-c6 车 e7-d7   41. 王 e2-e3 王 f7-e7

好像白兵应该被消灭，但它却"活了下来"。

42. 马 d3-f4 车 d7-d6   43. 车 c6-c3 g7-g5   44. 马 f4-d3 车 d6-a6

在 44. … 王 d7   45. 马 c5+ 王：c7 之后，白方可做选择，走 46. 马：e6+以及大概较为有力的 46. 马 e4+ 车 c6   47. 车：c6+ 王：c6   48. 马：f6，但是黑方一心想消灭"冲上去的兵"。

45. 马 d3-c5 车 a6-c6   46. 马 c5-e4 车 c6：c3+   47. 马 e4：c3 马 c8-b6

促使加快获胜。较顽强的是走 47. … 王 d6。

48. d4-d5！ 王 e7-d6　49. 马 c3-b5+ 王 d6：d5　50. 马 b5-a7

白方获胜。

第69局　后兵开局
拉高金——鲍特维尼克

1. d2-d4 马 g8-f6　2. 马 g1-f3 e7-e6　3. 象 c1-g5 象 f8-e7　4. 马 b1-d2
c7-c5　5. e2-e4 c5：d4　6. e4-e5 马 f6-d5　7. 象 g5：e7 后 d8：e7　8. 马 f3：d4
0-0　9. c2-c4

白方开局下得富有创意，但在自己的驻地中形成太多的弱点，为此很快受到惩罚。

9. … 马 d5-f4　10. g2-g3 马 f4-g6　11. f2-f4 d7-d6　12. e5：d6 后 e7：d6
13. 马 d4-b5

走 13. 马 2f3 e5 之后，白方局势也困难。

13. … 后 d6-b6　14. 后 d1-f3 a7-a6
15. 马 b5-c3 （图 71）

白方认输。这个决定看似意外，但在 15. … 象 d7 之后，白方怎么办？例如，16. 象 g2 象 c6　17. 后 e2 后：b2或者 16. 马 ce4 象 c6　17. f5 马 e5 等。

富有教益的短小对局。

图 71

苏联第五届冠军赛　半决赛
（1929 年 9 月 9~14 日，敖德萨）

第 70 局　新印度防御
鲍特维尼克——希里奇

1. d2-d4 马 g8-f6　2. c2-c4 b7-b6　3. 马 b1-c3 象 c8-b7　4. 后 d1-c2

著名的对于黑方不太有利的变化，因为黑方难于阻止 e2-e4。在这里或许最好是走 4. … d5，力争使局势尖锐化。

黑方所选择的走法令白方获得十分强大的中心。

4. … e7-e6　5. e2-e4 象 f8-b4　6. 象 f1-d3 象 b4:c3+

这步让白兵成双的兑很必要，因为在 7. 马 ge2 之后白方可以用马吃至 c3。

7. b2:c3 d7-d6　8. 马 g1-e2 c7-c5

确立 c 兵。

9. 0-0 马 b8-c6　10. f2-f4 后 d8-e7

双方的计划已确定。白方力求在中心上进攻，黑方打算长换位，其用意类同于早些时卡帕布兰卡——克莫赫（布达佩斯，1928 年）所下出的局面。

11. d4-d5 马 c6-a5！

c4 兵较弱。进兵 12. e5 马 d7　13. de fe　14. 象:h7 0-0-0 明显对黑方有利。因此白方进行子力改组，意在中心上进攻同时保护 c4 兵。

12. 马 e2-g3 0-0-0　13. 后 c2-e2

由于有很大的威胁 14. e5，黑方局势困难。他采用了反攻的意图足以说明这一点。

13. … h7-h5　14. e4-e5 马 f6-e8

假如走 14. … 马 d7，则 15. 马 e4 de　16. fe 马:e5　17. 象 g5 f6　18. 马:f6！

15. e5:d6 马 e8:d6

在 15. … 后：d6　16. f5 ed　17. 象 f4 后 c6　18. cd 后：d5　19. 车 ad1 之后，白有强劲攻势。

16. f4-f5　e6-e5

当然，这是唯一机会。黑方打算在 h5-h4 之后及再走 f7-f6 在中心把局势封上，在两翼自我保持良好的前景。

17. f5-f6！　g7：f6　18. 马 g3：h5　f6-f5（图 72）

精妙的着法，初一看好像反驳了白方的意图，因为在 19. 象：f5+ 王 b8！之后，黑方的棋局比较好。

如改走 18. … e4　19. 马：f6 后 e5 20. h3 后：c3　21. 马：e4 马：e4　22. 象：e4 马：c4　23. 象 g5，即使在这种情形下白方的局势也很好。

19. 马 h5-g7

这一步显然黑方漏算。

19. … e5-e4　20. 马 g7：f5 马 d6：f5

21. 车 f1：f5　后 e7-d6

图 72

在 21. … 后 h4 之后，接下走 22. 象 f4 ed　23. 后 e5，杀王必不可免。

22. 后 e2：e4

反击被打退，黑方应该输棋。

22. … 后 d6：h2+　23. 王 g1-f2 车 d8-e8　24. 后 e4-g4 后 h2-h4+

25. 后 g4：h4 车 h8：h4　26. 象 c1-f4！车 e8-f8　27. 象 f4-d6 车 f8-g8

28. 车 f5：f7 王 c8-d8　29. 车 a1-e1

黑方认输。

列宁格勒大师赛
（1930 年 3 月 2 日至 5 月 16 日）

第 71 局　荷兰防御

鲍特维尼克——伊里因·热涅夫斯基

1. d2-d4 e7-e6　2. c2-c4 f7-f5　3. 马 g1-f3 象 f8-b4+　4. 象 c1-d2 后 d8-e7　5. g2-g3 马 g8-f6　6. 象 f1-g2 0-0　7. 0-0 象 b4∶d2　8. 后 d1∶d2 d7-d6

这一着及随后的 e6-e5，其目的是在王翼形成尖锐的局面。但是如稍后证实，黑方不该出象至 b4 打将，保留黑格象。鲍特维尼克和其他苏联大师们在这个变化中研究了许多有趣的想法，不论在用白的还是在用黑的下法中。

9. 马 b1-c3 马 b8-c6　10. 车 f1-e1

较可取的是走 10. 车 fd1。

10. … e6-e5　11. 马 c3-d5 后 e7-d8

在这里和在下一回合黑方 d5 处兑子都不利，因为白方会很快组织起针对 c7 兵的行动，例如，11. … 马∶d5　12. cd 马 d8　13. de de　14. 后 c3 等。

12. d4∶e5 d6∶e5　13. 车 a1-d1 e5-e4　14. 马 f3-g5 马 f6∶d5

显然与随后的错误企图有关联。应走 14. … h6　15. 马 h3 象 e6　16. 马 hf4 象 f7。

15. c4∶d5 h7-h6?

导致失兵。正确的是走 15. … 马 e5。

16. 马 g5∶e4 f5∶e4　17. d5∶c6 后 d8-f6　18. 后 d2-d4 后 f6∶c6
19. 象 g2∶e4 后 c6-b6　20. 后 d4∶b6 a7∶b6　21. a2-a3 c7-c6　22. 车 d1-d6 象 c8-h3　23. f2-f3 象 h3-f5　24. 象 e4∶f5 车 f8∶f5　25. 王 g1-f2 车 f5-b5
26. 车 d6-d2 车 b5-b3　27. e2-e4 b6-b5　28. 车 e1-e3 车 b3∶e3　29. 王 f2∶e3

b5-b4 30. a3∶b4 车 a8-a4

31. 车 d2-d8+ 王 g8-h7（图 73）

32. e4-e5！王 h7-g6 33. 车 d8-f8

车 a4-a1 34. 王 e3-d2 b7-b5

35. e5-e6 车 a1-a7 36. f3-f4 车 a7-e7

37. g3-g4 h6-h5 38. f4-f5+ 王 g6-h6

39. h2-h4 g7-g5

黑方认输。

图 73

第72局　双马防御

拉高金——鲍特维尼克

1. e2-e4 e7-e5 2. 马 g1-f3 马 b8-c6 3. 象 f1-c4 马 g8-f6 4. d2-d4 e5∶d4 5. 0-0 马 f6∶e4 6. 车 f1-e1 d7-d5 7. 马 b1-c3

鲍氏的解说：针对卡纳里引进比赛实战的这一着已找到许多好的走法。黑方乐于把棋局引向 7. 象∶d5 之后的下法。

7. … d5∶c4 8. 车 e1∶e4+ 象 f8-e7 9. 马 f3∶d4 f7-f5 10. 车 e4-f4 0-0 11. 马 d4∶c6 后 d8∶d1+ 12. 马 c3∶d1 b7∶c6 13. 车 f4∶c4 象 e7-d6 14. 象 c1-e3

白方后面一切困难的开始。实际上劣着是走 14. 车∶c6 象 b7 或者 14. 象 f4 象 a6 15. 象∶d6 车 fe8！得半个子，但是轻松的是走 14. 马 c3 再准备走象 f4，显然白方会将棋局扯平。

14. … f5-f4 15. 象 e3-d4 车 f8-f5

带有强劲的威胁16. … c5。吃 c6 兵白方照样不利。

16. g2-g4

这步富有侵略性的出击造成王翼阵地的削弱。另一走法 16. f3 c5 17. 象 f2，但在 17. … 象 e6 之后也于黑方有利。

115

16. ⋯ 车 f5-g5   17. f2-f3 h7-h5！   18. h2-h4 车 g5-g6（图 74）

黑方放过一些好的赢棋机会：

18. ⋯ 车 d5！   19. 马 c3 象 a6！

20. 车:c6（或走 20. 车 a4 车:d4

21. 车:d4 象 c5 22. 车 ad1 车 d8，也

胜）20. ⋯ 车:d4   21. 车:a6 象 c5！

（但不能走 21. ⋯ hg   22. 马 b5 车 d2

23. 马:d6 cd   24. 车 e1！ gf   25. 车

e7，导致和棋）22. 王 f1 hg   23. fg f3

24. 车 g6 车 e8 等。在黑方所走的着法

之后，白方获得扳平机会。

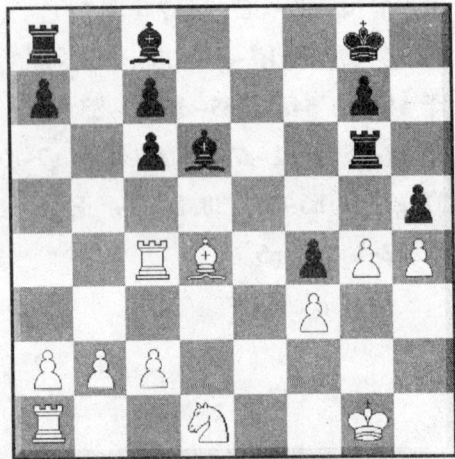

图 74

19. g4-g5 a7-a5

有必要，兵在 a7 位很弱。

20. 马 d1-f2 车 g6-e6   21. 马 f2-e4 象 c8-a6   22. 车 c4-c3

弃半子完全正确。导致白方输棋的是走 22. 马:d6，由于 22. ⋯ 车:d6 得

子，或者走 22. 车:c6 象 b7   23. 马 c5（23. 车 c4 象:e4   24. fe 车:e4）

23. ⋯ 象:c6   24. 马:e6 车 e8   25. 马:g7 车 e2，有极为强劲的攻势。现在则

由于自己的闭塞具有和棋特征。

22. ⋯ 象 d6-b4   23. 车 c3-b3 象 a6-c4   24. c2-c3 象 c4:b3   25. a2:b3

象 b4-f8   26. b3-b4 a5-a4   27. 王 g1-f1 车 e6-e8   28. 王 f1-e2 c6-c5

29. b4:c5 车 e8-b8   30. 车 a1-a2 车 b8-b3

应当调动王。

31. 马 e4-d2 车 b3-b5

此后白方甚至获得赢棋机会，因为他获取了 a 兵。

32. b2-b4！ g7-g6

起码有兑象意图。

33. 王 e2-d3 象 f8-g7   34. 马 d2-b3！ 车 b5-b8   35. 马 b3-a5 象 g7:d4

36. 王 d3:d4 车 b8-e8   37. 车 a2:a4 车 e8-e3（图 75）

在此对局封棋。实际上黑方获得通路的 f 兵，但终究 b 兵的行进具有很大

的危险性。

38. b4－b5 车 e3：f3 39. b5－b6 c7：b6 40. c5：b6 车 a8－d8+

唯一走法。不难使人相信，在 40. … 车 e3 41. b7 车 d8+ 42. 王 c5 f3 43. 马 c4！之后白方胜。

41. 王 d4－c4

不可走 41. 王 e5 车：c3 42. 王：f4 车 c5！ 43. b7 车 b5。

41. … 车 f3－e3 42. 马 a5－c6

很诱人，但危险。白方可以加速

图 75

和棋：42. 车 a2！车 c8+ 43. 王 b4 车 e6 44. 王 b5（不能走 44. b7 车 b6+） 44. … 车 e5+ 45. 王 b4（45. 王 a6 车 a8+）45. … 车 e6，双方应当着法重复。

42. … 车 e3－e4+ 43. 马 c6－d4

当然，不能走 43. 王 b3 车：a4 44. 王：a4 f3，黑兵升后。

43. … f4－f3 44. 车 a4－a2 车 d8－c8+ 45. 王 c4－b4！

不得已！王有五个退路，但正确的只有一个。对于白方来说，如下走法都将灭亡：

①45. 王 d3（或者 45. 王 b3）45. … 车 e7 以及 46. … 车 b7，得兵；

②45. 王 d5 车 e7 46. 马：f3 车 d7+ 47. 王 e6 车 b7；

③45. 王 b5 车 e5+ 46. 王 b4 车 b8，黑胜。

45. … 车 e4－e1 46. c3－c4 车 e1－e4 47. 王 b4－c3 车 e4－e3+ 48. 王 c3－b4 车 e3－e4 49. 王 b4－c3 车 c8－d8

如格利高里耶夫所指，在 50. 马 b3 车 e2 51. 车 a1 f2 52. 车 f1 车 f8！ 53. b7 车 b8 54. 马 a5 之后，取得和局。白方随后的错误立刻导致终局。

50. 马 d4－c6 车 e4－e3+

只有这样。白王被迫占据不利位置。

51. 王 c3－b4 车 e3－e2 52. 车 a2－a1 f3－f2 53. 马 c6：d8

绝望！但是走 53. 车 f1 车 f8 54. b7 车 b2+再 55. 车：b7，白方也见不到

希望。

53. … 车 e2–e1　54. 车 a1–a8

或走 54. b7 车∶a1。

54. … f2–f1 升后　55. 马 d8–c6+

在 55. 马 e6+ 王 f7！　56. 车 f8+ 王∶e6　57. 车∶f1 车∶f1 之后，黑方轻易可胜。

55. … 王 g8–g7　56. 车 a8–a7+ 王 g7–f8　57. b6–b7 车 e1–b1+

58. 王 b4–c5 后 f1–f5+　59. 王 c5–d6 车 b1–d1+　60. 王 d6–c7 后 f5–d7

61. 王 c7–b6 车 d1–b1+　62. 王 b6–c5 车 b1∶b7　63. 车 a7–a8+ 王 f8–g7

白方认输。

虽然互有错误，对局饶有趣味，特别是后面的部分。我详尽地分析了第 37 回合以后封棋的局势直到第 48 回合。着法 49. … 车 d8！下棋时想到的，而不是在家里。我很为我这步分析而自豪，因为此前分析很弱。

第 73 局　列齐开局

罗曼诺夫斯基——鲍特维尼克

1. 马 g1–f3 马 g8–f6　2. b2–b3 d7–d5　3. 象 c1–b2 象 c8–g4　4. e2–e3 e7–e6　5. 象 f1–e2 马 b8–d7　6. d2–d3 象 f8–d6　7. c2–c4 0–0　8. 0–0 c7–c6　9. 马 b1–c3 e6–e5

鲍特维尼克以协调的子力出动对抗罗曼诺夫斯基研究得透熟的体系。

10. c4∶d5 c6∶d5　11. e3–e4

不是个好的计划，也许应该走 11. 马 b5。

11. … 后 d8–a5　12. 马 f3–d2

较有力的是走 12. ed 马∶d5　13. 马 e4。

12. … 象 g4∶e2　13. 后 d1∶e2 象 d6–b4

较为精准的是走 13. … 车 ac8　14. 车 fc1 象 b4　15. 马 cb1 车∶c1+　16. 象∶c1 车 c8。

14. 马 c3–b1 车 a8–c8　15. 马 d2–f3 d5–d4　16. a2–a3 象 b4–e7

17. 车 f1–c1 车 c8∶c1+ 18. 象 b2∶c1 车 f8–c8 19. 后 e2–d1（图 76）

白方在自己的领地中下得有些过度。他在第一横线上的子力处境看来挺惨淡。但是黑方也不易实现已获取的优势。可以走 19. … 马 c5 20. b4 后 a4 21. 后∶a4 马∶a4 22. 象 d2 马 d7，但鲍特维尼克决定暂时保留后。

19. … 后 a5–c7 20. 象 c1–d2 马 d7–c5 21. 马 f3–e1 后 c7–d7 22. 车 a1–a2 后 d7–b5 23. b3–b4 马 c5–a4

图 76

若 23. … 马∶d3？，则 24. 后 e2。

24. 车 a2–c2 车 c8–c6 25. g2–g3 车 c6∶c2 26. 后 d1∶c2 后 b5–c6 27. 后 c2∶c6 b7∶c6

兑掉强子促进了白方的防御，他可以比较快地把自己的王引进局面。

28. f2–f4 马 f6–d7 29. 王 g1–f1 f7–f6 30. 王 f1–e2 c6–c5 31. 王 e2–d1 c5–c4 32. d3∶c4 马 a4–b2+ 33. 王 d1–c2 马 b2∶c4 34. 王 c2–b3?

导致失败的漏算，走 34. 象 c1 之后平和的结果极为明显。

34. … 马 c4–d6 35. 马 e1–f3 王 g8–f7 36. a3–a4 马 d6∶e4 37. 象 d2–e1 王 f7–e6 38. 马 b1–a3 马 e4–d6 39. 象 e1–f2 王 e6–d5 40. 马 a3–c2 马 d6–c4 41. f4∶e5 f6∶e5 42. 马 f3∶d4 马 c4–d2+ 43. 王 b3–a2 e5∶d4 44. 象 f2∶d4 象 e7∶b4 45. 象 d4∶g7 象 b4–c5 46. 马 c2–e1 王 d5–e4

白方认输。

第 74 局　古印度防御

鲍特维尼克——库别里

1. d2–d4 马 g8–f6 2. c2–c4 g7–g6 3. 马 b1–c3 象 f8–g7 4. e2–e4 d7–d6 5. g2–g3 0–0 6. 象 f1–g2 e7–e5 7. 马 g1–e2 象 c8–g4

未必好，逼白方走 f3。

8. f2-f3 象 g4-e6

错误，黑方赠予对方重要的一先。应立刻走 8. ··· 象 d7。

9. d4-d5 象 e6-d7　10. 象 c1-e3 b7-b6　11. 后 d1-d2 马 b8-a6

12. 象 e3-g5！

尼姆措维奇思路。它的用意在于 12. ··· 后 c8　13. g4 马 e8？　14. 象 e7 之后，白方赢得半子。

12. ··· 后 d8-c8　13. g3-g4 马 a6-b4

走 13. ··· 马 c5 较好。

14. h2-h4

硬拼的着法。必须走 14. a3 马 a6　15. b4，在后翼上也能取得优势。

14. ··· a7-a5　15. a2-a4

这样便迅速地导致平衡，在 15. ··· h5！　16. 象：f6 象：f6　17. gh 后 d8！之后，黑方所有情形都处位不错。因此正确的是走 15. h5！，白方有十分强大的攻势。但是对手二人均未发现这一机会（15. ··· h5）。

15. ··· 马 b4-a6　16. b2-b3

再走已经不好，16. h5 马 c5 等，但走 16. 王 d1！！（把王从 h4 位，受将处引离）16. ··· 马 c5　17. 王 c2，白方也可以防住 b3 格，又预防 h5 突破。

16. ··· 马 a6-c5　17. 车 a1-b1 h7-h5！（图 77）

终于这样！现在黑方幸运地从困难中解脱出来。随后的几着棋显然对于双方是不得已走出来的。

18. 象 g5：f6 象 g7：f6　19. g4：h5 后 c8-d8！

一切用意全在这里。劣着是走 19. ··· gh　20. 后 h6！等。

20. 王 e1-d1 象 f6：h4　21. 王 d1-c2

得兵，借助于 21. hg 象 g5（21. ··· fg

图 77

120

22. 后 h6) 22. gf+ 车:f7 23. 后 e1 马 d3，黑方有利。

21. … 后 d8-g5

黑方慎重地迫兑后，因为在 21. … 象 g5 22. 后 e1 之后，白方保持强有力的攻势。

22. 后 d2:g5 象 h4:g5 23. 象 g2-h3！

兑象，白方有赖于对方后翼白格的削弱在残局中可获得微弱的优势。由于 24. 车 bg1 的威胁，黑方走了下一步棋。

23. … 王 g8-g7 24. 象 h3:d7 马 c5:d7 25. 马 c3-b5 车 a8-c8 26. h5:g6 f7:g6 27. 车 b1-g1 象 g5-e3

在 27. … 象 e7 28. 车 g3 之后，黑方不得不同更大的困难作斗争，因为看不出有解脱 c8 车的办法。

28. 车 g1-g3 车 f8-f7

目的是走马 f8 保 h7 和 c7 格，顺便解脱 c8 车。

29. 王 c2-d3 象 e3-f2

此后象被迫停留在 g1-a7 斜线上，不能参与局势。但在 29. … 象 f4 30. 车 gh3 马 f8 31. 车 h8 象 g5 32. 车 1h3 之后，白方也保持极大优势。

30. 车 g3-h3 马 d7-f8 31. 车 h1-f1 象 f2-c5 32. f3-f4 e5:f4

否则 33. f5。

33. 马 e2:f4 g6-g5？

失算。但在比较好的走法 33. … 车 e8 34. 车 g3（或者 34. 车 hf3 ± g8！）34. … 王 h7 之后，白方依然具有局面优势。

34. 车 h3-g3 马 f8-h7

唯一走法。

35. 马 f4-e6+ 王 g7-g6 36. 车 f1:f7 王 g6:f7 37. 马 b5:c7！（图 78）

要比走 37. 马:g5+ 马:g5

图 78

38. 车:g5 车 h8 有力得多，黑有和棋机会。

37. … 王 f7-f6　38. 马 c7-b5　象 c5-b4

立刻输掉。因为 b5 马经过 d4 转行到 f5。如走 38. … 车 g8　39. 马：c5 dc 40. 车 h3！王 g6　41. e5 g4　42. 车 e3，同样白方胜来也毫无困难。

39. 马 b5-d4！车 c8-e8　40. 车 g3-h3

黑方认输。

如走 40. … 王 g6，白则 41. 马 f5，以后子力损失不可避免。

第75局　四马开局

劳赫林——鲍特维尼克

1. e2-e4 e7-e5　2. 马 g1-f3 马 b8-c6　3. 马 b1-c3 象 f8-b4　4. 象 f1-b5 马 g8-f6　5. d2-d3

鲍氏的解说：通常在这里走 5. 0-0，然后再走 6. d3。实际上，现在黑方没有取得白方在类似变化 5. 0-0 d6　6. 马 d5！中的绝对优势，但黑方的开局困难在任何情况下都认为可以消除。

5. … 马 c6-d4　6. 象 b5-a4 b7-b5　7. 象 a4-b3 d7-d5

很果断。如走 7. … d6，可以接走 8. h3！，白方无所畏惧。现在则有 8. … 象 g4 的威胁，而同时还有 8. … 马：f3+　9. 后：f3 d4 的威胁。因此白方的应着应当认作是最好的。

8. 马 f3：e5 马 d4：b3

第一个错误。正确的是走 8. … 后 e7！　9. f4（9. 象 f4 马：b3　10. cb d4 11. a3 象 d6　12. 马 c6 后 d7）9. … 0-0，白方局势很困难。

9. c2：b3 d5-d4

明显的误算！走 9. … de 黑方最低限度获得平局。在所走过的着法之后失掉一兵。

10. 马 e5-c6 d4：c3　11. 马 c6：b4

当然不能走 11. 马：d8 c2+，白方少一子。我采用这个走法，指望得子，：11. … 后 d4　12. 马 c2 cb！等，只是后来才发现，如走 11. … 后 d4　12. bc ：c3+　13. 象 d2 防住 b4 马！这才出现了黑方下面的着法。

11. ··· c7-c5！   12. 马 b4-c2 c5-c4 （图 79）

有趣的局势。不论走 13. dc 后：d1+
14. 王：d1 马：e4   15. 车 e1 象 b7
16. f3 0-0-0+，也不论走 13. e5 cd！
14. ef d2+   15. 后：d2 后：f6，都不能
给予白方以优势，多一个重叠的兵没
有实质性的意义。白方所选择的走法
看来很自然。

13. b3：c4 b5：c4   14. e4-e5！ 马 f6-g4

此刻不利的是走 14. ··· cd   15. ef d2+
16. 象：d2 cd+   17. 后：d2 后：f6，因
为白方多兵。

图 79

15. d3-d4 c3：b2   16. 象 c1：b2 后 d8-a5+   17. 后 d1-d2！

完全正确！弃还一兵，白方取得很有利的残局。躲王 17. 王 f1 车 b8！
18. 象 a3 象 f5 导致复杂的和不清晰的棋局。

17. ··· 后 a5：d2+   18. 王 e1：d2 马 g4：f2   19. 车 h1-f1 马 f2-e4+

20. 王 d2-e3 象 c8-b7   21. 车 f1-f4

刻板的走法，此后优势转归黑方。合理的是走 21. 车 ab1！，利用 b7 象悬
吊的局面，例如，21. 车 ab1 a5（不允许走讨厌的马 b4）22. 象 a3 象 d5
23. 车：b5 象 c6   24. 车 b6 象 d5   25. 车 f4，黑方局势艰难。

21. ··· c4-c3

黑方把 b1 和 f1 格置于监控之下。除此之外 f4 车处于危险之中。

22. 象 b2-a3 马 e4-d2   23. 象 a3-c5

白方忽视了车处境的严重性。较好的是走 23. h4 马 c4+   24. 王 d3 车 c8
25. 象 c5 马：e5+   26. 王：c3。

23. ··· g7-g5   24. 车 f4-g4

唯一退路！劣着是走 24. 车 f5 象 e4 或者 24. 车 f2（f6）马 e4，然后再
25. ··· 马：c5。

24. ··· h7-h6   25. 车 a1-c1 车 a8-c8   26. 象 c5：a7（图 80）

输着，因为黑方趁机把滞留 h8 的车引进局内。能给予较多机会的还是走 26. h4 h5（但不能走 26. … 马 c4+ 27. 王 f2 马：e5 28. 车 e1）27. 车：g5 马 e4 28. 车 f5 马：c5 29. dc 车：c5 30. 王 d4 车 c7。

应该说白方所指望的是走 26. … 车 a8 27. 象 c5 大致和棋，但出现的情况有些异样。

26. … f7-f5！ 27. e5：f6 王 e8-f7

一切事由全在这里！现在白方没

图 80

有封阻性的着法象 e7。h8 车夹带着一股力量进入棋局。

28. 象 a7-c5 王 f7：f6 29. 马 c2-b4 车 h8-e8+ 30. 王 e3-d3 马 d2-e4

至少可得半子。

31. 车 c1-f1+ 王 f6-g6

无法防御 32. … h5，而如走 32. h4，接走 32. … 王 h5。

32. 车 g4：e4 象 b7：e4+ 33. 王 d3：c3 象 e4：g2 34. 车 f1-f2 象 g2-h3

立刻走 34. … 象 e4 更简捷。

35. 马 b4-d3 象 h3-f5 36. 马 d3-b4 象 f5-e4 37. 王 c3-d2 h6-h5 38. a2-a3 h5-h4 39. 马 b4-a2 g5-g4 40. 马 a2-c3 象 e4-f3 41. 象 c5-d6 车 c8-d8 42. 象 d6-c5 h4-h3 43. 马 c3-b5 象 f3-g2

白方认输。

第76局 尼姆措维奇防御

鲍特维尼克——高特吉里弗

1. d2-d4 马 g8-f6 2. c2-c4 e7-e6 3. 马 b1-c3 象 f8-b4 4. 后 d1-b3 c7-c5 5. d4：c5 马 b8-a6

鲍氏的解说：这个对局之前我认为 5. … 马 a6 是弱着。这一见解在我脑海中形成是基于阿列亨——鲍格留勃夫第一次对抗赛的第 4 局，局中阿列亨 6. a3，接着 6. … 象:c3+，局势变坏。

6. a2-a3 象 b4:c5 7. 马 g1-f3 0-0

分析现时的对局时，我得出结论，在 7. … b6 之后白方没有任何优势。在同一年我执黑采用这一体系对过堪恩（见对局第 80 局）。

8. 象 c1-g5 象 c5-e7

只有如此才可以避免在 f6 处受牵制。除此而外象为马让出 c5 格。

9. e2-e4 d7-d6

防住 e4-e5 威胁。也许在这里走 9. … b6 比较好，在此情形下 c8 象立刻在 h1-a8 斜线上活跃起来，同对局中的走法比较起来黑方赢得一先。白方如针对 9. … b6 应以 10. e5 黑可退马至 e8。

10. 象 f1-e2 象 c8-d7 11. 0-0

当然不可以走 11. 后:b7 马 c5 12. 后 b4 a5。

11. … 象 d7-c6 12. 后 b3-c2 h7-h6 13. 象 g5-f4 马 a6-c5 14. e4-e5

巩固白方优势的唯一着法。在 14. 马 d2 d5！ 15. e5 马 fe4 之后，黑方获得不错的棋局。现白方在后翼取得优势（三兵对两兵）。

14. … 马 f6-e4

比较好的走法，因为兑了象黑方使自己更便于防守。劣着是走 14. … de 15. 马:e5。现在看起来黑方处位令人十分满意，因为在争夺 e4 格的斗争中他甚至以胜利者的姿态出现，但是随后在中心上的紧张性和缓，他的阵式软弱的一面便暴露出来。

15. e5:d6 象 e7:d6 16. 车 a1-d1 后 d8-e7

不能走 16. … 后 c7 17. 车:d6 马:d6 18. b4，随后走 19. c5。

17. 象 f4:d6 马 e4:d6

18. 马 f3-e5！（图 81）

图 81

125

确立白方优势。代替有力的 c6 象，黑方在同一位置得到的是软弱的兵，而失去象支持的黑马从中心位置上被赶走。假如现在走 18. 象:g2，则 19. 王:g2 后 g5+ 20. 马 g4。

18. … 车 f8–d8 19. b2–b4 马 c5–d7 20. 马 e5:c6 b7:c6 21. c4–c5 马 d6–e8

这步退却黑方陷于被动的防守，但令人怀疑的是较积极地走 21. … 马 f5 也由于 22. 后 a4 车 dc8 23. 马 e4! a5 24. 马 d6，白方较好。

22. 后 c2–a4 车 d8–c8 23. 象 e2–a6 车 c8–c7 24. 马 c3–e4 马 d7–f6 25. 马 e4:f6+ 后 e7:f6

奇怪的是，这步自然的着法导致迅速输棋。但应该指出，黑方局势已经难以防守。

另一个可能的变化是 25. … 马:f6，意在转马至 d5 处，在 26. 车 d6 后 e8 27. b5! cb 28. 象:b5 后 e7 29. 后 d4 之后，同样也会导致黑方艰难的局面。

在对局中的着法之后，白方夺得 d 线。

26. 车 d1–d3! 车 a8–d8 27. 车 f1–d1 车 d8:d3 28. 车 d1:d3（图 82）

黑方一筹莫展！他不可能同时防住两个威胁：其中第一个是 29. 后 d1 夺取 d 线以及第二个 29. b5！。例如，28. … 后 a1+ 29. 车 d1 后 f6 30. b5! cb（不然 31. b6）31. 象:b5，黑方丢马。

28. … 后 f6–e7 29. 后 a4–d1 王 g8–h7 30. 车 d3–d8 g7–g6 31. g2–g3 马 e8–f6 32. 后 d1–d6 马 f6–d5

现在黑方能动的只有一个王，白方只需找到一个最简捷的取胜方法。随后象的调动就是这种办法。

图 82

33. 象 a6–c4 王 h7–g7 34. 象 c4–b3 王 g7–h7 35. 象 b3–a4 王 h7–g7 36. 车 d8–a8

都会明白，不能立刻就走 36. 象：c6 车：c6，白方少一子。现在则有 37. 象：c6 后：d6 38. cd 车：c6 39. d7 的威胁，白方可胜。

36. … 后 e7：d6 37. c5：d6 车 c7-d7 38. 象 a4：c6 车 d7：d6 39. 象 c6：d5 e6：d5

在此局面下对局封棋。在显然的走法 40. 车：a7 d4 41. 王 f1 之后，可能有两个变化：

①41. … 车 e6 42. b5 d3 43. 车 d7 车 e5 44. a4 车 e4 45. a5 车 e5 46. 车：d3 车：b5 47. 车 a3，胜。

②41. … d3 42. 王 e1 车 e6+ 43. 王 d1！车 e2 44. 车 d7 车：f2 45. 车：d3 车：h2 46. 车 b3，胜。

因此，难以继续对弈，黑方认输。

列宁格勒—莫斯科五金工人工会团体对抗赛
(1930 年 5 月 1～2 日)

第 77 局　尼姆措维奇防御

鲍特维尼克——堪恩

1. d2–d4 马 g8–f6　2. c2–c4 e7–e6　3. 马 b1–c3 象 f8–b4　4. 后 d1–b3 c7–c5　5. d4：c5 象 b4：c5

在当时以 5. … 马 a6！开头随后走 b6 的防御体系还不为人知晓。

6. 马 g1–f3 马 b8–c6

消极的出子计划。

7. 象 c1–g5 b7–b6

黑方低估了白方随后的应着。冒进的走法是 7. … 马 a5　8. 后 c2（如 8. 后 a4，则后 b6）马：c4　9. e4 等，但也许正确的是走 7. … 后 b6，迫兑后。当然在此情形下，白方棋局也明显比较好。

8. e2–e4 马 c6–d4

难以指明究竟走什么比较好。例如，在 8. … . 象 b7　9. 0–0–0 象：f2　10. e5 h6　11. ef hg　12. fg 车 g8　13. 马 e4 之后，白有绝对优势。

9. 马 f3：d4 象 c5：d4　10. f2–f3

用这一简单的消除威胁 10. … 象：f2+的着法，白方巩固了在中心上已取得的优势。黑方的下一着显然是唯一解开 f6 马的机会。

10. … h7–h6　11. 象 g5–f4

较差的是走 11. 象 h4，由于象：c3+，12. bc（如 12. 后：c3，则马：e4），白兵的阵势受到损害。现在既有 12. 马 b5，又有 12. 象 d6 的威胁。

11. … e6–e5　12. 马 c3–b5 马 f6–h5

不得已。另有不好的走法是 12. … ef　13. 马：d4 或者 12. … 象：b2

13. 后：b2 ef　14. 后 a3！

13. 象 f4–e3　象 d4：e3

在 13. … 后 h4+　14. g3 马：g3　15. hg 后：h1　16. 象：d4 ed　17. 马 c7+（也可走 17. 马 d6+ 王 f8　18. c5 后 h5　19. g4 后 g6　20. 后 d5 车 b8　21. cb ab　22. 车 c1）17. … 王 d8　18. 马×a8 象 b7　19. 马：b6 ab　20. 后：b6+ 王 c8　21. 王 f2！之后，白方应胜。

14. 马 b5–d6+ 王 e8–f8　15. c4–c5！（图 83）

重要的过渡性着法！伏有 16. 后：f7× 的威胁。

假如白方立刻走 15. 后：e3，则黑方 15. … 后 h4+，可以迫兑后（16. 后 f2），因为走 16. g3，在 16. … 马：g3　17. 后 f2 后 f6！之后，丢兵。

图 83

15. … 后 d8–e7　16. 后 b3：e3 马 h5–f4　17. 后 e3–a3

这一着之后，黑方的子力损失已必不可免。由于有 18. cb 的威胁，黑方必须吃 c5 兵，这就使 c8 象遭遇危险。

17. … b6：c5　18. 后 a3：c5 王 f8–g8

黑方假如马上走 19. 车 c1，则 19. … 王 h7。

19. g2–g3 马 f4–g6　20. 象 f1–c4 王 g8–h7　21. 0–0–0

可以不急于吃 f7 兵，如走 21. … f6，由于 22. f4！。

白方诱人的走法 21. 后 c7（有 22. 象 d5 威胁）不能走，由于 21. … 马 f8！22. 马：c8 后 b4+　23. 王 f1 马 e6。

21. … a7–a5　22. 象 c4：f7 象 c8–a6　23. 王 c1–b1

漫不经心！现在黑方得到把局面变复杂的机会。正确的是走 23. 后 a3，消除车 c8 的威胁并保住 f3 兵。

23. … 象 a6–e2　24. 车 d1–d5 象 e2：f3　25. 象 f7：g6+ 王 h7：g6　26. 车 d5：e5 后 e7–f6　27. 车 h1–e1

不可走 27. 车 f1 或车 f5，由于 27. … 象：e4+。

27. … 车 h8-b8　28. 马 d6-f5

准备兑后，黑方无力阻止。

28. … 车 a8-a6　29. 后 c5-e7 后 f6：e7

或者立刻走 29. … 车 ab6　30. 马 h4+ 王 h7　31. 后：f6 车：f6　32. 车：a5，白方多两兵。

30. 车 e5：e7

白方以进攻 g7 兵的办法促成对己有利的简化。黑如接走 30. … 车 ab6，可以接走 31. b3 a4（或走 31. … 象：e4+　32. 车 7：e4 王：f5　33. 车 e5+，再走 34. 车：a5）32. 马 h4+ 王 f6　33. 车：d7 ab　34. e5+ 王 e6　35. 车 d6+得子。

30. … 象 f3：e4+　31. 车 e1：e4 王 g6：f5　32. 车 e4-f4+ 王 f5-g6

33. 车 f4-g4+ 王 g6-f5　34. 车 g4-f4+ 王 f5-g6　35. 车 f4-g4+ 王 g6-f5

36. 车 g4：g7 车 a6-b6　37. 车 g7-f7+ 王 f5-g6　38. 车 f7-g7+

如走 38. 车 f2，黑方可以应 38. … 车 d6 有和棋机会。

38. … 王 g6-f5　39. 车 e7-f7+ 王 f5-e5　40. 车 f7-f2 d7-d5（图 84）

在此局面下对局封棋。

对抗赛的裁判（格利高里耶夫和罗曼诺夫斯基）判处白方胜，并指出如下由鲍特维尼克呈报的变化：41. 车 e7+ 王 d6　42. 车 a7 车 b5　43. 车 h7 赢得第二个兵；或者 41. … 王 d4　42. 车 d2+ 王 c5　43. 车 d7（也可走 43. 车 c7+ 王 d6　44. 车 a7 车 b5　45. 车 h7）43. … 王 c6（43. … 车 d6　44. 车 c2+）44. 车 7：d5 车：b2+　45. 车：b2 车：b2+　46. 王：b2 王：d5，此时所形成的这个残局白可轻松获胜。

图 84

列宁格勒混合队—高等学校混合队对抗赛
（1930 年 5 月 13 日）

第 78 局　法兰西防御

伊里因·热涅夫斯基——鲍特维尼克

1. e2-e4 e7-e6　2. d2-d4 d7-d5　3. 马 b1-c3 象 f8-b4　4. e4 : d5

白方回避主要走法 4. e5，选择兑子体系。

4. ··· e6 : d5　5. 象 f1-d3 马 b8-c6　6. 马 g1-e2 马 g8-e7　7. 0-0 象 c8-g4
8. a2-a3 象 b4 : c3　9. b2 : c3 0-0　10. f2-f3 象 g4-f5　11. 马 e2-g3 象 f5 : d3
12. c2 : d3 后 d8-d7　13. f3-f4 f7-f5　14. 车 f1-f2 马 c6-a5　15. 马 g3-f1 b7-b6
16. 象 c1-e3

既然无法阻止 c7-c5，就不如走马 f1-d2-f3-e5。

16. ··· 车 f8-e8

较准确的是立刻走 16. ··· 车 ac8，黑方的意图在于利用 c7-c5-c4，迫兑 a3
兵并掌握 e4 和 c4 格。

17. 后 d1-c2 车 a8-c8　18. 车 f2-e2 马 e7-g6　19. g2-g3 c7-c5　20. d4 : c5
b6 : c5

黑方随后的计划是 c4，例如，21. ··· c4　22. dc 车 e4　23. 马 d2 或者改
走 21. ··· d4　22. 象 f2。

21. 车 a1-e1 c5-c4　22. 象 e3-d4 车 e8 : e2　23. 后 c2 : e2 马 a5-b3
24. 后 e2-e3 马 g6-f8

走 24. ··· a5 比较好。

25. 象 d4-e5？

若走 25. 象 : a7 令人生疑，因为 cd。但改为 25. dc，白方可获平先局面。

25. ··· d5-d4（图 85）

26. 象 e5：d4 马 b3：d4 27. 后 e3：d4 后 d7：d4+ 28. c3：d4 c4：d3

这只通路兵看似很危险，可实际情况却是白方奈何不了它。

29. 王 g1-f2 车 c8-c3 30. a3-a4 马 f8-d7！ 31. 马 f1-e3

假如走 31. 车 d1，则 31. … 马 f6 32. 王 e3 马 g4+ 33. 王 d2 车 a3 34. 车 b1 马 f2 等。

31. … 马 d7-f6 32. 车 e1-d1

如走 32. 马：f5，黑则 32. … d2，

图 85

33. 车 d1 车 c1 34. 王 e2 马 e4 35. 马 e7+ 王 f7 36. 马 d5 王 e6，得半子。

32. … g7-g6 33. 王 f2-f3 王 g8-f7 34. g3-g4？

局势困难下犯的错误。

34. … f5：g4+ 35. 王 f3-g2

如 35. 马：g4，黑则 d2+，36. 马 e3 马 d5。

35. … h7-h5 36. 车 d1-b1 马 f6-e4 37. 车 b1-b7+ 王 f7-e6 38. d4-d5+ 王 e6-d6 39. 车 b7-b4 d3-d2！ 40. 车 b4：e4 车 c3：e3 41. 车 e4-d4 车 e3-e2+ 42. 王 f2-g3

黑方被判胜，由于 42. … 车 e3+ 43. 王 g2 车 e4 44. 车：d2 车：f4。

列宁格勒—莫斯科对抗赛
（1930 年 11 月 7～8 日）

第 79 局　荷兰防御

鲍特维尼克——堪恩

1. d2-d4 e7-e6　2. c2-c4 f7-f5　3. 马 g1-f3 象 f8-b4+　4. 象 c1-d2 象 b4:d2+　5. 后 d1:d2 马 g8-f6　6. g2-g3 b7-b6

此后陷入艰难境地。在这里必须力争进兵，应走 6. … d6。

7. 马 b1-c3 d7-d6

如走 7. … 象 b7，应着 8. d5 令人不快，白方有优异局势，黑方只好应 8. … e5。同样也不能走 7. … 马 e4　8. 马:e4 fe　9. 马 g5 d5（9. … 象 b7 10. 后 e3）10. 象 h3 后 e7　11. cd。

8. 象 f1-g2 象 c8-b7　9. 0-0 后 d8-e7

加固 e6 格。也不会得到任何好处的走法还有 9. … 0-0　10. d5！e5 11. 马 g5 象 c8　12. e4 后 e7　13. ef 象:f5　14. f4 等。

10. d4-d5 e6-e5

合则走 11. 马 d4。

11. e2-e4！

最坚决。无所收获的是走 11. 马 g5 马 bd7　12. 马 e6 马 c5，均势。

11. … f5:e4

如走 11. … 象 c8，接下走 12. ef 象:f5　13. 车 ae1 0-0　14. 马 d4 象 d7 15. f4，明显占优。因此，黑方所选择的走法是比较好的，但是他的棋局已经不能看作十分令人满意。

12. 马 f3-g5 马 b8-d7　13. 马 c3:e4 0-0

同样也不好的是走 13. … 马:e4　14. 象:e4 马 f6　15. 象 f5。

14. 马 g5-e6 马 f6：e4   15. 象 g2：e4 车 f8-f6

没有其他办法！不能走 15. … 马 f6   16. 马：f8 马：e4   17. 后 e3 马 g5（或者 17. … 马 c5   18. b4！）18. f4！（但不能走 18. 马 e6 马：e6   19. de 后：e6，黑方局势好）弃半子，没有足够的补偿。

16. 后 d2-c2

当然不能立刻走 16. 马：c7，由于 16. … 车 c8，随后再车：c4。白方攻击 h7 兵且同时保住 c4 兵。黑方两兵处于打击之下，同时保住两个难以做到。

16. … 车 f6-h6

黑方看了一个在变化 16. … 马 f8   17. 马：f8 车 a：f8   18. 象：h7+ 王 h8   19. 象 e4 象 c8 中，虽然白方会胜。因此，黑方决定在进攻中寻求挽救，可现实却是先落入失利之中。

17. 马 e6：c7 车 a8-c8   18. 马 c7-b5

不能 18. 马 e6，由于 18. … 马 f6，此后白方不可能防住两个威胁：①19. … 马：d5；②19. … 马：e4   20. 后：e4 车：e6。

18. … a7-a6   19. 马 b5-a7 车 c8-f8   20. 马 a7-c6 后 e7-g5

更劣的是走 20. … 后 f7   21. f4。

21. 象 e4-g2 马 d7-f6（图 86）

允许了一个可笑的结局。走 21. … 象 c8，可以抵抗时间长一些。针对这种情形，白方准备了如下一个变化：22. 车 ae1 马 f6   23. f4 后 h5   24. h4 ef   25. 车：f4 g5   26. 象 f3！，胜。

22. 后 c2-f5 后 g5-h5

立刻导致输棋的走法是：22. … 后：f5   23. 马 e7+ 王 h8   24. 马：f5，再 25. 马：d6。

图 86

23. 后 f5：h5 马 f6：h5

在 23. … 车：h5   24. 象 f3 车 h3（24. … 车 g5   25. h4）25. 王 g2 车 h6   26. 马 e7+ 王 h8   27. 马 f5，黑方丢失第二个兵。

24. f2-f4！车 f8-e8

保兵。同样也是输棋的是：24. … ef 25. g4！f3 26. gh fg 27. 马 e7+ 王 h8 28. 车 :f8×或者 25. … 象 :c6 26. dc f3 27. gh fg 28. 车 :f8+ 王 :f8 29. c7 及 30. c8 升后。

25. 车 a1-e1 象 b7:c6 26. d5:c6 马 h5-f6 27. g3-g4 马 f6:g4 28. f4:e5 马 g4:e5 29. 象 g2-d5+ 王 g8-h8 30. c6-c7 车 h6-f6

如走 30. … 车 c8，白有 31. 象 b7。

31. 象 d5-b7

黑方认输。

第 80 局　尼姆措维奇防御
堪恩——鲍特维尼克

1. c2-c4 马 g8-f6 2. 马 b1-c3 c7-c5 3. 马 g1-f3 e7-e6 4. d2-d4 c5:d4 5. 马 f3:d4 象 f8-b4 6. 后 d1-b3 象 b4-c5

鲍氏的解说：在这里难以指出哪个是最有力的走法。在 6. … 马 c6 7. 马 :c6 象 :c3+ 8. 后 :c3 bc 9. 象 g5 之后，白方局势无疑较为可取，而走 6. … 马 a6 7. 象 g5，同对局相比仅仅只是着法顺序不同。

7. 马 d4-f3

形成尼姆措维奇防御，类似于在对局第 76 局中所获得的变化，不消说，我也得以后像高特吉里弗一样进行防守，有个区别是未走 d6。

7. … b7-b6 8. 象 c1-g5 象 c8-b7 9. 后 b3-c2

准备走 e4，立即走不好，由于 9. … h6 10. 象 h4 g5 11. 象 g3 马 :e4。

9. … h7-h6 10. 象 g5-h4 0-0 11. e2-e4 象 c5-e7 12. 象 f1-e2 马 b8-a6 13. e4-e5

显然比较好。如走 13. 0-0，接走 13. … 马 c5，白方无力把持 e4 格，例如，14. 马 d2（14. e5 马 fe4）14. … d5 15. ed（15. 象 :f6 象 :f6 16. ed 象 :c3，再 17. … ed）15. … 马 :d5！16. 象 :e7 马 :e7，大致均势。

13. … 马 a6-b4 14. 后 c2-d2

135

假如现在走 14. 后 b1（不允许走 14. … 马 e4），则 14. … 马 h5　15. 象:e7 后:e7　16. g3（不然走 16. … 马 f4）16. … d6　17. 0-0 de　18. 马:e5 马 f6，黑方棋局不坏。

14. … 马 f6-e4　15. 马 c3:e4 象 b7:e4　16. 象 h4:e7 后 d8:e7　19. 0-0 车 a8-d8　18. 车 a1-d1

把主动权转让黑方的错误着法。较为有力的是走 18. 车 fd1 或者 18. 马 d4 马 c6（18. … f6　19. 马 b5 马 c6　20. 马 d6 象 g6　21. ef 车:f6　22. 车 ad1，白方占优）19. 马:c6，局势简化。

18. … 马 b4:a2　19. 马 f3-d4

白方立刻追回一兵不利。应 19. 车 a1 马 b4　20. 车:a7，由于 20. … 马 c6　21. 车 a6 象:f3　22. gf（22. 象:f3 马:e5　23. 车:b6 马:c4）22. … 马:e5　23. 车:b6 a5！。

现在由于白马入侵至 d6 格，黑马应当急忙退回。

19. … 马 a2-b4　20. 马 d4-b5 后 e7-c5

只有这样！对于黑方较劣的是走：20. … 马 c6　21. 马 d6 象 g6，由于 22. f4，有 23. 马 b7 威胁。现在白方如接走 21. 马 d6 象 a8 则一无所获，因此他不得已吃 a7 兵，没有顾及他的马要从棋局中走出来。

21. 马 b5:a7 f7-f6

在这里黑方打算走 21. … d5　22. ed 象 c2　23. 车 c1 车:d6，但在最后时刻放弃了这一想法，因为 23. d7！象:d1　24. 车:d1 的出现，d7 通路兵，不会如此简单便可对付。

22. e5:f6 车 f8:f6　23. 后 d2-d4

其他可能的走法有：23. 马 b5 d5　24. cd 车:d5　25. 后 e3 后:e3　26. fe 车:f1+　27. 车:f1（27. 王:f1 马 c2　28. 王 f2 象:g2）27. … 车 d2 或走 23. 后 d6 e5　24. 后:c5 bc，随后把马转移至 d4，对于白方一样都不太有利。

23. … d7-d5　24. c4:d5 e6:d5　25. 马 a7-b5 马 b4-c6

利用这着棋黑方把自己的兵联上手，取得有利的残局。

26. 后 d4:c5 b6:c5　27. 车 d1-c1

由于 d 兵行程短，导致快速输棋。略好一些的是走 27. 马 c3 马 d4

28. 马:e4 马:e2+　29. 王h1　车c6，但当存在通路兵及对方王的恶劣局面，此时黑方依然有足够的赢棋机会。

27. … d5-d4！（图87）

28. f2-f3

走28. 车:c5，只是着法顺序不同。

28. … d4-d3　29. 象e2-d1

如走29. fe de　30. 车fe1（30. 车:f6 车d1+）30. … 车d2　31. 马c3（31. 车:c5 车d1　32. 车c1 车f1+）31. … 马d4。

图87

29. … d3-d2　30. 车c1:c5 象e4-d3
31. 车f1-f2 象d3:b5　32. 车c5:b5
车f6-e6　33. 车f2-f1 车e6-e1

34. 车b5-c5

更快输掉是走34. 王f2 车de8　35. 象b3+ 王h8　36. 车d5 车8e2+
37. 王g1 车c1！现在黑方不能马上走34. … 马d4，由于35. 王f2 车de8
36. 车d5！，优势在白方。

34. … 马c6-b4　35. 车c5-c4 马b4-d5　36. 车c4-e4 马d5-e3
37. 车e4:e3 车e1:e3　38. 王g1-f2 车d8-e8　39. 象d1-a4 车e3-e1

白方认输。

列宁格勒第八届冠军赛
（1930 年 12 月 3 日至 1931 年 3 月 23 日）

第 81 局　古印度防御

鲍特维尼克——李希钦

1. d2-d4 马 g8-f6　2. c2-c4 d7-d6　3. 马 b1-c3 马 b8-d7　4. e2-e4 e7-e5

5. 马 g1-e2 e5:d4　6. 马 e2:d4 g7-g6　7. 象 f1-e2 象 f8-g7　8. 象 c1-e3 0-0

9. 后 d1-d2 车 f8-e8　10. f2-f3 马 d7-f8　11. 0-0 象 c8-d7

黑方开局消极，未能获得反先机会。

12. 车 a1-d1 马 f8-e6　13. 马 d4-c2

也可以走 13. b4。

13. … 象 d7-c6　14. 马 c2-b4 a7-a5

削弱了自己的后翼并"促进"对方的马走到它正想要去的地方。

15. 马 b4-d5 马 f6-d7　16. 象 e2-d3 马 d7-e5　17. 象 d3-e2 马 e5-d7

18. b2-b3 马 d7-c5　19. 后 d2-c2
象 c6-d7　20. f3-f4 c7-c6（图 88）

21. f4-f5 c6:d5　22. f5:e6 f7:e6

23. e4:d5 e6:d5　24. 马 c3:d5 象 d7-f5

25. 后 c2-c1 马 c5-e4　26. 象 e2-f3
h7-h5　27. 象 e3-d4

这比走 27. 象 b6 后 h4　28. 马 c7
象 e5 成复杂局面有力。

27. … 后 d8-g5

导致丢半子，在黑方的局势中有太
多的弱格，已经没有令人满意的防御。

图 88

138

在 27. … 象：d4+ 28. 车：d4 马 f6 29. 车 fd1 之后，白方至少要多一个兵。

28. 后 c1：g5 马 e4：g5 29. 象 d4：g7 马 g5：f3+ 30. g2：f3 王 g8：g7
31. 马 d5—c7

黑方认输。

第 82 局 后翼弃兵
鲍特维尼克——巴图耶夫

1. d2—d4 d7—d5 2. c2—c4 e7—e6 3. 马 b1—c3 马 g8—f6 4. 象 c1—g5
象 f8—e7 5. e2—e3 0—0 6. 马 g1—f3 马 b8—d7 7. 象 f1—d3

在这里通常走 7. 车 c1，但白方有意地回避公式化的变化。

7. … d5：c4 8. 象 d3：c4 c7—c5

这步教科书推荐的走法显然足以谋求平局。同样也值得注意预先走 8. … a6。

9. 0—0 c5：d4 10. e3：d4

在 10. 马：d4 之后得到兵的对称性局面，使黑方轻易地达成平局。现在白方在中心上有一定优势，老实说也为此付出一个孤立兵的代价。

10. … 马 d7—b6 11. 象 c4—b3 马 b6—d5

黑方计划出动 c8 象至 b7，当然也可以立刻走 11. … 象 d7。白方下一着为的是暂时防止 12. … b6。

12. 马 f3—e5 马 f6—d7

在这里也可以走 12. … 象 d7，但黑方力求兑掉 g5 象，导致 d4 兵更厉害。白方难以回避兑子。

13. 象 g5：e7 马 d5：e7 14. 后 d1—e2

走 14. 马 e4 也很有力，利用对方黑格的削弱。

14. … 马 d7—f6 15. 车 f1—d1 b7—b6 16. 车 a1—c1 象 c8—b7 17. f2—f3
车 a8—c8（图 89）

黑方打算把 e7 马经 d5 转调至 f4，向 g2 兵施压。白方预先防止这一点，同时为马在中心上形成一个据点。在类似局势中碰到的弃子 17. 马：f7 车：f7
18. 后：e6，在本情形下 18. … 马 ed5 之后弃子不成立。黑方现在应当走 17. …

139

马 ed5，在 18. 马 e4 车 c8　19. 车：c8
象：c8　20. 象 c2 之后，局势大致均衡。
实战的走法，黑方犯了一个严重错误。

**18. 马 e5：f7！车 f8：f7　19. 后 e2：e6
后 d8-f8**

迫不得已，因为已经不能走 19. …
马 ed5　20. 马：d5 马：d5　21. 象：d5
象：d5　22. 车：c8，白方胜。

**20. 马 c3-e4 车 c8：c1　21. 车 d1：c1
马 f6-d5**

图 89

有 22. 后：f7+ 后：f7　23. 象：f7+
王：f7　24. 马 d6+ 的威胁。

22. 马 e4-d6 象 b7-a8　23. 车 c1-e1！

黑方一筹莫展地面对 24. 马：f7 及随后在 e7 吃子。

23. … g7-g6　24. 马 d6：f7 后 f8：f7　25. 后 e6：e7

黑方认输。

第 83 局　后翼弃兵

鲍特维尼克——斯切潘诺夫

**1. d2-d4 马 g8-f6　2. c2-c4 e7-e6　3. 马 b1-c3 d7-d5　4. 马 g1-f3 c7-c6
5. 象 c1-g5 马 b8-d7　6. e2-e3 象 f8-e7　7. 象 f1-d3 h7-h6　8. 象 g5-h4 0-0
9. 0-0 a7-a6　10. a2-a4 d5：c4　11. 象 d3：c4 马 f6-d5**

有助于对方形成强有力的中心，可以走 11. … c5 与之抗衡。

**12. 象 h4-g3 马 d7-f6　13. 后 d1-c2 象 c8-d7　14. e3-e4 马 d5-b4
15. 后 c2-e2 后 d8-a5**

对于后来说，此位置不佳。

16. 马 f3-e5 车 a8-d8　17. f2-f4 象 d7-c8　18. f4-f5

弃兵，顺便设下一个陷阱。

18. … e6∶f5（图 90）

如走 18. … 车∶d4，可以接走 19. fe 象∶e6 20. 象∶e6 fe 21. 马 g6 车 e8 22. e5 马 d5 23. 后 f2，大概黑方认为 d4 兵会逃脱。

19. 象 c4∶f7+ 车 f8∶f7 20. 马 e5-c4 后被捉死。

20. … b7-b6 21. 马 c4∶a5 b6∶a5 22. e4∶f5 车 d8∶d4 23. 象 g3-e5 车 d4-d3 24. 车 a1-d1 象 e7-c5+ 25. 王 g1-h1 车 d3∶d1 26. 后 e2∶d1 马 f6-d5 27. 马 c3∶d5 马 b4∶d5 28. 后 d1-c1 象 c5-f8 29. 象 e5-d4 c6-c5 30. 象 d4∶c5 车 f7-c7 31. 象 c5∶f8 车 c7∶c1 32. 车 f1∶c1 象 c8∶f5 33. 象 f8-d6 象 f5-e4 34. 象 d6-c7

黑方认输。

图 90

第 84 局 列齐开局

罗曼诺夫斯基——鲍特维尼克

1. 马 g1-f3 马 g8-f6 2. b2-b3 d7-d5 3. 象 c1-b2 象 c8-g4 4. g2-g3 马 b8-d7 5. 象 f1-g2 e7-e6 6. 0-0 象 f8-d6 7. c2-c4 c7-c6 8. d2-d4

在利用这一同样开局的对局第 73 局，罗曼诺夫斯基没能取得成功。临场黑方决定为争夺中心做较为积极的斗争。

8. … 0-0 9. 马 f3-e5 象 g4-f5 10. 马 b1-d2 后 d8-c7 11. 马 e5∶d7 后 c7∶d7 12. f2-f3 象 f5-g6 13. e2-e4 d5∶e4 14. f3∶e4 e6-e5 15. 马 d2-f3

走 15. d5 不利。由于象 c5+，16. 王 h1 马 g4 17. 后 e2 马 e3。

15. … 马 f6∶e4 16. 马 f3∶e5 象 d6∶e5 17. d4∶e5 车 a8-d8 18. 后 d1∶d7 车 d8∶d7 19. 车 f1-e1 马 e4-g5

如走 19. … 马 c5 20. 象 a3 马 d3 21. 车 e3 车 e8 22. 车 d1 象 h3 和

141

e5-e6 的威胁令人讨厌。

20. 车 a1-d1 车 f8-d8　21. 车 d1-d6！象 g6-h5　22. 车 e1-e3 马 g5-e6

23. 象 b2-a3 c6-c5　24. 车 e3-d3 车 d7：d6　25. e5：d6

改走 25. 车：d6 能把比较困难的任务置于黑方面前。

25. … b7-b6　26. 象 a3-b2 f7-f6

27. h2-h4 王 g8-f7　28. 王 g1-f2

象 h5-g6　29. 车 d3-d2（图 91）

一对象样子很威严，但是白方加强局势的企图被精准的防御击退。

29. … 象 g6-f5　20. a2-a3 a7-a5

31. 象 b2-c3 马 e6-f8　32. b3-b4 a5：b4

33. a3：b4 马 f8-d7　34. 车 d2-e2 象 f5-e6

35. 象 g2-c6？

此着之后，白方应当谨慎小心些。

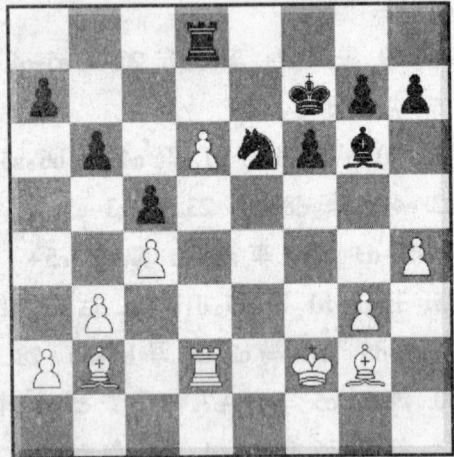

图 91

35. … 马 d7-b8！　36. 象 c6-b5

车 d8：d6　**37. b4：c5 b6：c5　38. 象 c3-d2 马 b8-d7　39. 象 d2-f4 车 d6-d3**

40. 车 e2-a2 马 d7-e5　41. 车 a2-a7+

王 f7-f8

和棋。不能 41. … 王 g6，由于 42. h5+！

第85局　吃后翼弃兵

鲍特维尼克——维里涅尔

1. d2-d4 d7-d5　2. c2-c4 d5：c4　3. 马 g1-f3 马 g8-f6　4. e2-e3 e7-e6

5. 象 f1：c4 c7-c5　6. 0-0 a7-a6　7. a2-a4

鲍特维尼克通常采用这一着棋，能防止 b7-b5，但也因此削弱了 b4 格。

7. … 马 b8-c6　8. 后 d1-e2 象 f8-e7　9. d4：c5 象 e7：c5　10. e3-e4

奇异的是，时隔32年这一局势在同彼特罗香的世界冠军对抗赛上遇到过。

黑方走 10. … 马 g4，于是接着走 11. e5！马 d4　12. 马：d4 后：d4　13. 马 a3！。

10. … 后 d8-c7

不失其良苦用心的着法。假如白方不敢于走 11. e5，那么走 11. 马 c3 或者 11. 象 g5，黑接走 11. … 马 g4，有 12. … 马 d4 的威胁。

11. e4-e5 马 f6-g4 12. 象 c1-f4 f7-f6！

符合维里涅尔——尖锐的战术组合，巨匠的风格。正如他在自己的评注中所指，在 13. ef 后:f4 之后，黑方能成功地守住，例如走 14. fg 车 g8 15. 象:e6 象:e6 16. 后:e6+ 马 e7 17. 马 bd2 后 d6，而在 14. 象:e6 象:e6 15. 后:e6+ 王 f8 之后也一样。

13. 马 b1-d2 0-0！

马上吃回 e5 兵不利，因为白方追回一兵且局势优异，例如，13. … fe 14. 象 g3 再 15. h3 或者 13. … 马 g:e5 14. 马:e5 马:e5 15. 象:e5 后:e5 16. 后:e5 fe 17. 车 ae1。

14. 马 d2-e4 象 c5-a7 15. 车 a1-c1 王 g8-h8 16. 象 c4-a2

白方可以走 16. 马 d6，如 16. … fe 17. 马:c8 车 a:c8 18. 象:e6 ef 19. 象:g4 或者 16. … 马 g:e5 17. 马:e5 马:e5 18. 象:e5 fe 19. 后:e5 车 f5 20. 后 g3 等。弃一兵，白方期望的是攻势。

16. … 马 g4:e5 17. 马 f3:e5 f6:e5
18. 象 f4-g3 后 c7-e7 19. 象 a2-b1
象 c8-d7 （图 92）

20. 后 e2-g4

正确的是走 20. h4，有 21. 马 g5 的威胁。

20. … 车 f8-f5！

黑方准备趁机弃半子，代之以取得由双象支援的强大的兵的中心。

21. 王 g1-h1 车 a8-f8 22. 象 g3-h4
后 e7-b4 23. 象 h4-g5 象 d7-e8

图 92

24. 车 c1-c3 象 e8-g6 25. 后 g4-e2 象 a7-d4 26. 车 c3-c4 后 b4:b2

27. 后 e2:b2 象 d4:b2 28. 象 g5-c1！象 b2:c1

143

极为有力的是走28. … 象d4，此后白方不能走29. 马d6，由于29. … 车:f2。

29. 车c4:c1 车f5-f4 30. f2-f3 象g6:e4 31. 象b1:e4 马c6-d8

这一着维里涅尔标上一个问号，认为如走31. … 马a5，白方可以像对局中一样走32. 车fd1，有积极的反先机会。

32. 车f1-d1 车f4-f7 33. a4-a5 王h8-g8 34. 王h1-g1 车f7-e7 35. 车d1-d6 马d8-f7

斗争的场面有所改变，尽管多两个兵，但黑方仍应走出精确的着法，以便不落入恶劣的局势中去。

36. 车d6-b6 马f7-d8 37. 车b6-d6 马d8-f7 38. 车d6-b6 马f7-d8 39. 车c1-b1 车e7-d7 40. 象e4:b7 马d8:b7 41. 车b6:b7 车d7:b7 42. 车b1:b7 车f8-c8 43. 车b7-b6 王g8-f7 44. 车b6:a6 车c8-c1+ 45. 王g1-f2 车c1-a1

几个回合之后，对局以和局告终。

第86局　新印度防御

费道塞耶夫——鲍特维尼克

1. d2-d4 马g8-f6 2. c2-c4 e7-e6 3. 马g1-f3 b7-b6 4. g2-g3 象c8-b7 5. 象f1-g2 象f8-e7 6. 马b1-c3 马f6-e4 7. 马c3:e4 象b7:e4 8. 0-0 0-0 9. b2-b3 d7-d5 10. 马f3-e5

马在e5占据着不稳定的位置，企图保持它在这一格的稳定会导致弱点的形成。较好的是走10. 马e1 象:g2 11. 马:g2。

10. … 象e4:g2 11. 王g1:g2 d5:c4 12. b3:c4 象e7-f6 13. f2-f4 c7-c5 14. e2-e3 象f6:e5 15. f4:e5

还是应该15. de。

15. … 马b8-c6 16. 象c1-b2 马c6-a5 17. 后d1-e2 c5:d4 18. 车a1-d1

兵无法挽救，18. ed 车c8 19. 车ac1 车:c4 20. 车:c4 后d5+。

18. … 车a8-c8 19. 车d1:d4 后d8-c7 20. 象b2-a3 车f8-d8 21. 象a3-d6 后c7-c6+ 22. 王g2-h3 马a5:c4 23. 后e2-h5 马c4:e3

144

24. 后 h5:f7+ 王 g8-h8 25. 车 f1-f2(图 93)

图 93

25. … 马 e3-f5 26. 车 d4-g4 后 c6-d7

27. 后 f7-h5 后 d7-e8 28. 后 h5-g5

白方不可能避免兑后，因此走

28. 后:e8+比较好。

28. … h7-h6 29. 后 g5-g6 后 e8:g6

30. 车 g4:g6 车 d8-e8 31. 车 g6-g4

车 c8-c6 32. 车 f2-d2 车 e8-d8

33. 车 g4-g6

时间不足。

33. … 王 h8－g8 34. 车 g6－g4

王 g8-f7 35. 车 g4-f4 王 f7-e8

白方超时。

第 87 局　尼姆措维奇防御

鲍特维尼克——莫雅索耶多夫

1. d2-d4 马 g8-f6 2. c2-c4 e7-e6 3. 马 b1-c3 象 f8-b4 4. 后 d1-b3
c7-c5 5. d4:c5 马 b8-c6 6. 马 g1-f3 马 f6-e4 7. 象 c1-d2 马 e4:c5
8. 后 b3-c2 f7-f5 9. a2-a3 象 b4:c3 10. 象 d2:c3 0-0 11. b2-b4 马 c5-e4

鲍氏的解说：至此，同以白方失败而结束的对局施塔里别尔格——阿列亨
（汉堡，1930 年）下的完全相同。评注这一对局的克莫赫指出，代替 12. e3 应
该走 12. 象 b2，但即使这样在 b6 之后也对黑方有利。但这盘棋的出现足以表
明黑方的棋局在任何情况下都不好。

12. 象 c3-b2 b7-b6

简单的可走 12. … d6，类同于对局温切尔——苏尔坦·汗（哈斯丁斯，
1930～1931 年）

现在等待黑方的是一个小小的意外事件。

13. g2-g4

预先在家庭分析中做过研究，但在临场，鲍特维尼克又有了新的想法。过于仓促，导致了后面的复杂。还是应按老计划走 13. g3 较为稳健。

13. ⋯ 马 e4:f2!

一切其他走法都会导致（在 13. ⋯ fg 之后）g 线的开放，此后白方当象在 b2 及车在 g1 的局面时，已十分危险。

不过这一弃子已进入白方的算度之中。鲍特维尼克认为黑方不可能追回一个子，分析也就到此为止。不过，即使在家庭分析中也常会出错，临场时才会清楚。白方实际上保持一子优势，但已陷入到强大的攻势之下。

14. 王 e1:f2 f5:g4 15. 车 h1-g1 后 d8-h4+ 16. 王 f2-e3

容易看到这是唯一着法，假设走 16. 车 g3，则 16. ⋯ gf 17. 王 g1 马 d4! 或者 16. 王 g2 gf+ 17. 王 h1 马 d4! 对黑方有利。

16. ⋯ 后 h4-h6+ 17. 王 e3-f2 后 h6-h4+

长将，黑方迫不得已。邪路是走 17. ⋯ 后:h2+ 18. 车 g2! 或者 17. ⋯ gf 18. 车:g7+ 后:g7 19. 象:g7，白方能胜。

18. 王 f2-e3 后 h4-h6+ 19. 王 e3-d3

白方正好研究过这个局势，认为它对自己有利。但在下的时候只是在很大的思想摇摆之后，才做出如此勇敢的让王游荡的决定。

19. ⋯ d7-d5!

强有力的着法！另两种走法都没有它好，19. ⋯ 后 g6+ 20. 王 d2 或者 19. ⋯ e5 20. 后 d2! 后 d6+ 21. 王 c2。

20. 后 c2-c1!

保证王有退路的唯一应着。不适宜走 20. 后 d2 后 g6+ 21. 王 c3 后 e4! 22. 后 g5 e5!，白方局势危机。

现在可以表明，白方摆脱得干净利索，但黑方随后采取的攻王计划，最终只得到了一个长将和。

20. ⋯ d5:c4+! 21. 后 c1:c4

劣着是走 21. 王:c4 车 f4+ 22. 王 b3 e5!，但值得注意的是 21. 王 c2（保留封闭的 C 线），虽然黑方舍一子多出三个兵，但这种走法不足以令人信服。

21. … 车 f8–d8+ 22. 王 d3–c2 象 c8–b7 23. 后 c4∶g4

假如走 23. 车∶g4，则 23. … 车 ac8 24. 象∶g7（24. 车∶g7+ 后∶g7 25. 象∶g7 马∶b4+ 26. 王 b3 车∶c4 27. 王∶c4 马 c2）24. … 马∶b4+ 25. 王 b3 车∶c4 26. 象∶h6+ 车∶g4，对局大致同样也会以和局结束。

现在 24. 后∶g7+的威胁迫使黑方以下面的战术组合加速和棋。

23. … 马 c6∶b4+! 24. a3∶b4

赞同和棋，因为走 24. 后∶b4 车 ac8+ 25. 象 c3 象∶f3 26. ef a5! 及随后的 27. … 后 d2+或者 27. … 车 d2+很快造成对黑方有利。或者是 26. 车 d1 车∶c3+ 27. 后∶c3 象 e4+ 28. 车 d3 车∶d3!（28. … 象∶d3+ 29. ed 后∶h2+ 30. 车 g2 后 h6 31. 象 e2，对白方有利）29. ed 后∶h2+ 30. 象 g2 象∶g2，黑方占优。

24. … 车 a8–c8+ 25. 象 b2–c3 车 c8∶c3+ 26. 王 c2∶c3 后 h6–e3+ 27. 王 c3–b2 车 d8–d2+ 28. 马 f3∶d2 后 e3∶d2+ 29. 王 b2–b1 后 d2–d1+ 30. 王 b1–b2 后 d1–d2+

和棋。谜一般的对局。

第 88 局　新印度防御
齐赫维尔——鲍特维尼克

1. d2–d4 马 g8–f6 2. 马 g1–f3 b7–b6 3. g2–g3 象 c8–b7 4. 象 f1–g2 g7–g6

鲍氏的解说：要肯于走 4. … c5 5. 0–0 cd 6. 马∶d4 象∶g2 7. 王∶g2，平先。

5. 0–0 象 f8–g7 6. c2–c4 0–0 7. 马 b1–d2

不好。黑方得以打开 a1–h8 斜线，这就妨碍了 c1 象出动至 b2。正确的是走 7. 后 c2（假如立刻走 7. 马 c3，则 7. … 马 e4，拉宾诺维奇——伊里因·热涅夫斯基，列宁格勒，1926 年），然后走马 c3，再得机会走 e2–e4，此时白方大概会取得某些优势。

7. … c7–c5! 8. d4–d5 e7–e6 9. e2–e4 e6∶d5

在这里不能按布留门菲里德的想法行棋：9. … b5　10. de fe　11. e5！
（11. cb 马：e4　12. 马 g5 马 c3！　13. bc 象：g2 和 14. … 后：g5）11. … 马 g4
12. cb 马：e5　13. 马：e5 象：g2　14. 王：g2 象：e5　15. 马 c4 象 g7　16. 后 d6。

10. c4：d5

显然白方对他的局势感到满意。假如马位于 c3，而不在 d2，则应走 10. ed
b5　11. 马 h4，不给黑方在后翼上有兵的优势。

现在黑方在后翼上多兵且 g7 象位置优异。白方在中心上的优势很容易消除。

10. … d7—d6　11. 车 f1—e1

为使 d2 马从防守 e4 兵上解脱下来。

11. … 车 f8—e8　12. 马 f3—h4　后 d8—e7

重要的一着棋！白方打算走 13. f4，但由于有 13. … 马：d5 威胁，现在马
迫不得已阻住 f 兵的道路。

13. 马 d2—f3　马 b8—d7

或马上或以后走 13. … 马：e4　14. 马 g5！，只会有利于白方。

14. 象 c1—d2　b6—b5

结束出子，黑方在有三个兵对两个兵的后翼开始进攻。很显然，白方唯一
的反先机会是在王翼上进攻。白方力图实现这一计划，但是他因自己的下一着
失去了速度。

15. 后 d1—c1　后 e7—f8

进攻 e4 兵。

16. 后 c1—c2　a7—a5　17. h2—h3　b5—b4　18. 马 f3—h2　象 b7—a6　19. f2—f4
马 f6—h5！

给白方小小的不痛快：他既不可走 20. 马 f1 象：f1，又不可走 20. g4 象 d4+！
21. 象 e3 马：f4。但挽救办法依然存在。

20. 象 g2—f1！　c5—c4

不可走 20. … 马：g3，由于 21. 象：a6 车：a6　22. 后 d3！。现在白方不得已走
王，因为如立刻走 21. g4，接下走 21. … 马 g3　22. 象 g2 马 c5！　23. 王 f2 b3
24. 后 b1 c3！，然后走象 d3 和马：e4+。

21. 王 g1—g2　车 e8—c8　22. 象 d2—e3　马 d7—c5

黑方在局面上已胜定。在后翼他取得了真实的优势，与此同时白方还没有准备好在王翼上的攻势。现在黑方已经可以运用坚决的打击，走22. … b3！，如23. ab c3 24. 象:a6 cb 25. 象:c8 ba 升后 26. 车:a1 车:c8，对局的结果不会引起疑义。但是黑方局势如此强大，他也可以不必操之过急。

23. g3-g4 马 h5-f6 24. 象 e3:c5 车 c8:c5 25. g4-g5

白方急于利用给予他的喘息机会，恢复了因黑方在后翼的行动而停止了对王的攻击。

25. … 马 f6-h5 26. f4-f5 后 f8-d8（图94）

最简捷！也许别的走法也会赢。

27. f5-f6 马 h5:f6！

弃子，黑方把对局转化为可胜残局。

28. g5:f6 后 d8:f6 29. 马 h4-f3
后 f6:b2 30. 后 c2:b2 象 g7:b2
31. 车 a1-b1 c4-c3

这一着棋存在封堵了 b2 象的缺点。故此，较精准的是先走象 g7，而后再是 c3。以下六个回合双方都是在时间严重不足的情形下走出。

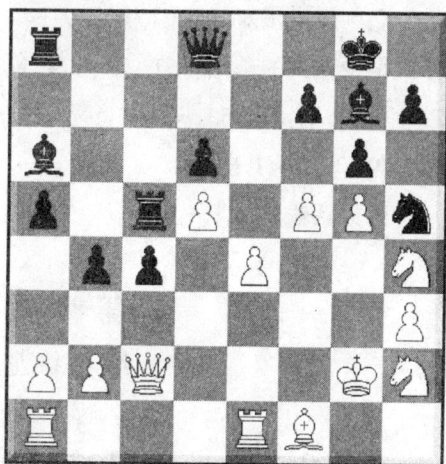
图94

32. 象 f1:a6 车 a8:a6 33. 马 f3-d4
a5-a4 34. 车 e1-f1 a4-a3 35. 车 f1-f2 车 a6-a7

毫不延迟的突破。35. … b3 36. 马:b3 c2 37. 车 bf1 c1 升后 38. 马:c1 象:c1，也会导致胜利。

36. 车 b1-f1 车 c5-c4 37. 马 d4-c6 车 a7-c7 38. e4-e5

输棋是走38. 车 c2 b3！ 39. ab 车 4:c6 40. dc a2 41. 马 g4 车:c6，然后走42. … a1 升后，黑方多两个兵。

38. … d6:e5 39. 马 c6:e5 e3-c2！

走39. … 车 d4 40. 马 2g4，导致不必要的复杂化。

40. 马 e5:c4 车 c7:c4 41. 车 f2:f7 c2-c1 升后 42. 车 f7-f8+ 王 g8-g7
43. 车 f8-f7+ 王 g7-h6 44. 车 f1:c1 车 c4:c1 45. 马 h2-g4+ 王 h6-g5

46. d5-d6

假如走 46. 车 b7，则 46. … 车 c2+　47. 王 f1（47. 王 f3 车 c3+和 48. … b3）47. … 象 c3 也胜。

46. … b4-b3　47. d6-d7 车 c1-d1　48. 王 g2-g3！

滑稽可笑的陷阱！有个威胁 49. h4+ 王 h5　50. 车:h7×。在 48. … 车 d3+ 49. 车 f3 车:d7　50. 车:b3，黑方只好进行残局的持久战。但是在他的支配下有个有趣的结尾。

48. … h7-h6！

立刻解决了对局。因为在 49. h4+ 王 h5　50. 车 h7 车 d3+！（50. … 象 g7 导致很少遇到的杀招：51. 车:h6+ 象:h6　52. 马 f6+）51. 王 f4 象 c1+ 52. 王 e4 车:d7　53. 车:d7 ba，白方应当缴械。

49. 车 f7-f3 b3:a2

白方认输。

第89局　列齐开局
鲍特维尼克——布多

1. 马 g1-f3 马 g8-f6　2. c2-c4 e7-e6　3. g2-g3 b7-b6　4. 象 f1-g2 象 c8-b7　5. 0-0 象 f8-e7　6. b2-b3 0-0　7. 象 c1-b2 d7-d5　8. d2-d4 d5:c4　9. b3:c4 c7-c5　10. e2-e3 c5:d4　11. e3:d4 后 d8-c8　12. 马 b1-d2 马 b8-c6　13. 车 a1-c1 马 c6-b4

马在这里处位不佳。较好的是走 13. … 马 a5 或者 13. … 车 d8 向 c4 及 d4 两悬兵施压。

14. 后 d1-b3 马 f6-e4　15. 马 d2:e4 象 b7:e4　16. 车 f1-e1 后 c8-b7（图95）

让白方进行对他有利的兑子，应当把象返回至 b7，假如白方接走 17. c5，则 17. … bc　18. dc 马 c6，但不能走 18. … 象:c5？　19. 后 c3。又如 17. d5，则 17. … 马 a6。

17. 车 e1:e4 后 b7:e4　18. 马 f3-e1 后 e4-e2　19. 象 g2-f3 后 e2-d2

20. 车c1-d1 后d2-g5　21. a2-a3 马b4-a6
22. 象f3：a8 车f8：a8　23. 后b3-a4
后g5-h5　24. f2-f3 后h5-a5

　　迫不得已，因为如走24. … 马c7，
白则25. 后c6 象d8　26. d5 ed
27. 车：d5！等。

　　25. 后a4：a5 b6：a5　26. 王g1-f2
车a8-b8　27. 马e1-d3 车b8-b3
28. c4-c5 e6-e5

　　黑方守得顽强。

图95

　　29. 王f2-e2！e5：d4　30. c5-c6
象e7-f6　31. 车d1-c1 马a6-c7　32. 车c1-c4 h7-h6　33. 象b2：d4 象f6：d4
34. 车c4：d4 车b3-c3

　　若34. … 车：a3？，则35. 车d8+ 王h7　36. 车d7。

　　35. 车d4-d8+ 王g8-h7　36. 车d8-d6 马c7-b5　37. 车d6-d5 马b5：a3
　　38. 马d3-c5 马a3-b5　39. 马c5-a4 车c3-c2+　40. 王e2-d3 马b5-c7
41. 王d3：c2 马c7：d5　42. 王c2-b3 马d5-e7　43. c6-c7 王h7-g6
44. 王b3-c4 王g6-f6　45. 王c4-b5 王f6-e6　46. 王b5-a6 王e6-d6
47. 王a6-b7 王d6-d7

　　黑方力图献出马换得c7兵且王能守在王翼，鲍特维尼克的几步调动意在
妨碍这一计划。

　　48. 马a4-c3 马e7-c8　49. 马c3-e4 马c8-e7　50. g3-g4 王d7-e6
51. 马e4-c5+ 王e6-d6　52. 马c5-b3 王d6-d7

　　假如走52. … a4，则53. 马d4，既不可走53. … a3　54. 马b5+；也不可
走53. … a6　54. 马f5+；而如走53. … 王d7，解决办法是54. 马c6 马c8
55. 马e5+。

　　53. 马b3：a5 马e7-c8　54. 马a5-b3 马c8-e7　55. 马b3-c5+ 王d7-d6
56. 马c5-a6 f7-f5　57. 马a6-b8 f5：g4　58. f3：g4

　　不论接下来如何走，白方都是59. 马c6。黑方认输。

第 90 局　尼姆措维奇防御

阿拉托尔系夫——鲍特维尼克

拉高金 评注

1. d2-d4 马 g8-f6　2. c2-c4 e7-e6　3. 马 b1-c3 象 f8-b4　4. 马 g1-f3

都知道在这里还有许多其他走法，例如，4. 象 d2、4. 后 c2、4. e3、4. a3 和 4. 后 b3，而且一度为阿列亨所推荐的最后一个走法长时间为特别喜爱它的棋手们所使用。但鲍格留勃夫——尼姆措维奇（圣列莫，1930 年）的棋急剧改变了这一着的评价，假如原先评注家们勇敢地宣称 4. 后 b3 能给予白方确切的好局，那么现在就已经不会有任何人发表如此坚决的意见。无意中又闪现出一个问题，究竟用什么方法白方依旧会获得好局？当然在本文中所走的着法未能解决这一问题，因为黑方很轻易地就取得了平局，但不妨在这里引用一个变化，4. e3 象:c3+　5. bc d6　6. 象 d3 0-0　7. e4 e5　8. 马 e2 车 e8　9. f3，等等，鲁滨斯坦喜用的走法。也许这是中心强大的结构，虽然在 c3 和 c4 位上有一对重叠兵，这是否最符合现代的精神？

4. … b7-b6　5. 后 d1-b3 象 b4:c3+

简单中见力量！走 5. … c5　6. dc 象:c5　7. 象 g5 象 b7，鲍特维尼克可以把棋局引上自己已经熟知他同堪恩的对局（No. 80）的路子上去，但对局采用的是迷乱的及复杂的步调。看来，这没有进入黑方的算度之内，因为本对局对于鲍特维尼克在比赛中的排名已经没有意义（他已稳获第 1 名）。

6. 后 b3:c3 象 c8-b7　7. g2-g3 d7-d6　8. 象 f1-g2 马 b8-d7　9. 0-0 0-0　10. b2-b3 a7-a5

毫无疑义，这样走失先。应简单地走 10. … 后 e7　11. 象 b2 车 ad8，假如白方执行同一种思想，即在对局中所走的 12. 马 d2，则在 12. … 象:g2　13. 王:g2 e5 之后，黑方保持许多重要的先手。

11. 象 c1-b2 车 a8-b8

在这里依旧可简单地走 11. … 后 e7。

12. 马 f3-d2 象 b7:g2　13. 王 g1:g2 后 d8-e7　14. e2-e4 e6-e5　15. f2-f4

斗争变得尖锐化，黑方不得已要转为仔细的和小心的防守。

15. … 车 f8-e8   16. 车 a1-e1 车 b8-d8   17. h2-h3！

加强攻势并剥夺 f6 马的 g4 格去处。

17. … 王 g8-h8   18. d4：e5？

操之过急，白方很快就会相信。要利用黑方的被动性，白方应该走 18. 车 f2，瞅机会重叠车同时加固第二横线。

18. … d6：e5   19. 马 d2-f3 e5：f4   20. e4-e5 马 f6-h5   21. g3-g4 马 h5-g3

不论这一方，也不论那一方，一切都不得已而走。白方在进攻，认为攻势是足够切实的。但是对手以精准而冷静的防御使其希望完全破灭。

22. e5-e6（图 96）

对于这步斜线的开放，白方寄托了自己的希望。

22. … f7：e6！   23. 车 e1：e6 后 e7-f8   24. 马 f3-g5 马 g3：f1   25. 后 c3-c2？

白方错误地认为他的攻势还有成功机会。必须利用兑强子的机会，走 25. 后 d3！马 f6   26. 车：e8 后：e8（劣着是走 26. … 车：e8   27. 象：f6 马 e3+   28. 王 f3 后 g8   29. 后 d7！gf？

图 96

30. 马 f7+ 王 g7   31. 马 d6+ 王 g6   32. 马：e8 等，机会在白方）27. 后：d8 后：d8   28. 马 f7+ 王 g8   29. 马：d8 等，结局大致和棋。

25. … 马 d7-f6！

机警地防住杀着并把自己的兵力准备好做最后一击。

26. 王 g2：f1

不可走 26. 象：f6，由于车 d2+；也不可走 26. 车：f6，由于马 e3+。

26. … 车 d8-d7   27. 马 g5：h7

强弩之末。

27. … 马 f6：h7   28. 车 e6-h6 后 f8-g8   29. g4-g5 车 e8-e6   30. g5-g6

后 g8-a8！

黑方心情被弄得焦躁不安，镇压开始了。白方无力防止对方兵力的侵袭。

31. 车 h6：h7+ 王 h8-g8 32. 王 f1-f2 后 a8-h1！

白方认输。

末尾，后的表演精彩而自信。

第 91 局　后翼弃兵

鲍特维尼克——拉高金

1. d2-d4 d7-d5 2. c2-c4 e7-e6 3. 马 g1-f3 马 g8-f6 4. 马 b1-c3 马 b8-d7 5. 象 c1-f4 d5：c4 6. e2-e3 马 f6-d5 7. 象 f1：c4 马 d5：f4

马 f6-d5：f4 的结果是黑方获得了双象并损害了对方兵的布置。但是白方在出子上的优势以及在中心上的灵活完全弥补了他的"损失"。

8. e3：f4 象 f8-d6 9. g2-g3 马 d7-f6 10. 0-0 0-0 11. 后 d1-e2 a7-a6

走 b7-b6 可以防止象 a6。

12. 车 f1-d1 b7-b6 13. 车 a1-c1

对于鲍特维尼克而言，子力最大限度的集中化，他的一切着法看起来简单而又自然。

13. … 象 c8-b7 14. 象 c4-d3 后 d8-e7 15. 马 c3-e4 车 f8-d8 16. 马 e4：f6+ 后 e7：f6 17. 象 d3-e4！象 b7：e4 18. 后 e2：e4

兑掉白格象消除了黑方沿着大斜线进入局势的希望并揭示出他在后翼上的弱点。下一着被逼，不然白方走车 c6。

18. … c7-c5 19. 马 f3-e5 c5：d4 20. 车 d1：d4 象 d6-c5（图 97）

图 97

在 20. … 象：e5 21. fe 后 e7 之后，

获得的强子残局同样也不好，例如，接走 22. 后 c6！车∶d4　23. 后∶a8+ 车 d8 24. 车 c8 车∶c8　25. 后∶c8+ 后 f8　26. 后∶a6。

21. 车 d4–d7！后 f6–f5　22. 后 e4–b7 车 d8–b8　23. 后 b7–f3 f7–f6

丢后，对局已经没有希望。

24. g3–g4

黑方认输。

电气工业企业团体比赛
（1931年2~4月，列宁格勒）

第92局 列齐开局
尤尔吉斯——鲍特维尼克

1. 马g1-f3 马g8-f6　2. c2-c4 c7-c5　3. 马b1-c3 b7-b6　4. g2-g3
象c8-b7　5. 象f1-g2 d7-d5　6. c4:d5 马f6:d5　7. 0-0 e7-e6　8. b2-b3
象f8-e7

走8. … 马:c3　9. dc 后:d1　10. 车:d1 等，会过早地以和棋结束对局。

9. 象c1-b2 0-0　10. 马c3:d5 象b7:d5　11. d2-d3
下得消极，黑方逐渐夺得先手。应立刻走11. 后c2。

11. … 马b8-d7　12. 后d1-c2 车a8-c8　13. 车a1-e1
白方下的没有计划，必须走13. 马d2，简化局势。

13. … b6-b5　14. e2-e4 象d5-b7　15. 马f3-d2 马d7-b8！
瞄准已被削弱的d4格。

16. f2-f4 马b8-c6　17. a2-a3 后d8-d7　18. 马d2-f3 车f8-d8

19. 车e1-d1 象b7-a6　20. 象b2-a1 b5-b4！
黑方的计划很明显。打开C线，然后弃半子，形成危险的通路兵。

21. a3-a4 马c6-d4
当然不能走21. … 象:d3　22. 后b2 象f6　23. e5 象e7　24. 马e1。

22. 后c2-b2 象e7-f6　23. e4-e5 象f6-e7　24. 马f3:d4
不能长时间容忍这匹马的存在。

24. … c5:d4　25. 后b2-e2 车c8-c5　26. 象a1-b2 f7-f5　27. h2-h4
车c5-c3！（图98）
唯一的赢棋机会。

28. 象 b2:c3 d4:c3　29. 后 e2-e3 象 a6:d3

另一种可能的计划是 29. … 后 c7 30. 车 f2 车 d4！随后走象 c5 继续进攻。

30. 车 f1-f2 后 d7-d4

不然难以摆脱牵制。顺路，黑方设下一个险恶的陷阱。

31. 后 e3:d4 车 d8:d4　32. 象 g2-f1

加快失败。

32. … c3-c2　33. 车 d1-c1

当然不能走 33. 车:c2 象:c2 34. 车:d4，由于 34. … 象 c5，白方少子。

33. … 象 d3:f1　34. 车 c1:f1

看起来独此一着。如走 34. 王:f1 车 d1+或者 34. 车 f:f1 车 d2（随后走象 c5），白方情况不妙。

34. … 车 d4-c4！！（图 99）

这一步结束了战斗。黑兵升变已无法遏阻。

35. b3:c4 象 e7-c5　36. 王 g1-g2 象 c5:f2　37. 王 g2:f2 b4-b3

白方认输。

图 98

图 99

第 93 局　象的开局

萨维茨基——鲍特维尼克

1. e2-e4 e7-e5　2. 象 f1-c4 马 g8-f6　3. d2-d3 马 b8-c6　4. 马 b1-c3 象 f8-c5　5. f2-f4 d7-d6　6. 马 g1-f3 0-0　7. 马 c3-a4 象 c8-g4　8. 马 a4:c5 d6:c5　9. 象 c1-e3 e5:f4！　10. 象 e3:c5 车 f8-e8　11. 后 d1-e2 马 c6-e5

12. 象 c4-b3 a7-a5　13. a2-a4 后 d8-d7　14. 象 c5-f2

如走 14. 马 :e5 车 :e5　15. 后 f2 b6　16. 象 a3 马 :e4　17. de 车 :e4+　18. 王 f1 车 ad8，黑有极强大的攻势；又如走 14. 0-0-0，则 b5！，立刻在后翼付诸行动。看来顾及所有这一切，白方献出一兵。

14. … 象 g4:f3　15. g2:f3 后 d7-h3　16. 0-0-0 后 h3:f3　17. 后 e2:f3 马 e5:f3　18. 车 d1-f1

白方指望两只有力的象和 g 线补偿一兵之失。

18. … g7-g5

要是走 18. … 马 g4，应着 19. 象 c5 令人讨厌，如 19. … 马 g:h2 20. 车 f2 或者 19. … 马 f:h2　20. 车 :f4。

19. 象 f2-c5 g5-g4（图 100）

20. 车 f1:f3?! g4:f3　21. 车 h1-g1+ 王 g8-h8　22. 象 c5-d4 车 a8-a6　23. e4-e5

假如走 23. 象 :f7，则 23. … f2 24. 车 f1 车 d8　25. 象 c3 王 g7 等。

图 100

23. … f3-f2　24. 象 d4:f2

白方过高估价自己的局势。较好的是走 24. 车 f1 马 g4　25. e6+ f6 26. h3，黑方或许应该返还半个子走 26. … 车 a:e6　27. 象 :e6 车 :e6　28. 象 f2 马 e5。因为在 26. … 马 e5　27. 车 :f2 之后，斗争的结局不清楚。例如，不能接走 27. … f3，由于 28. 车 :f3 马 :f3　29. 象 :f6+ 王 g8　30. e7+。

24. … 车 e8:e5　25. 象 f2-d4 车 e5-f5　26. 象 b3:f7 h7-h6　27. h2-h4 f4-f3　28. 车 g1-g8+ 王 h8-h7　29. 车 g8-g1 马 f6-g4！　30. 象 f7-c4 车 a6-g6

黑方积聚力量，靠子力优势解决问题。

31. 车 g1-e1 马 g4-f6　32. h4-h5 马 f6:h5　33. 车 e1-e8 马 h5-f6

白方认输。

第 94 局 古印度防御

鲍特维尼克——布雷特曼

1. d2–d4 马 g8–f6　2. c2–c4 g7–g6　3. 马 b1–c3 象 f8–g7　4. e2–e4 d7–d6
5. g2–g3 0–0　6. 象 f1–g2 马 b8–c6　7. 马 g1–e2 象 c8–g4

坏着，因为 f2–f3 已在白方计划之内。

8. f2–f3 象 g4–d7　9. 象 c1–e3 后 d8–c8　10. g3–g4 e7–e5　11. d4–d5
马 c6–a5　12. b2–b3 b7–b6　13. 后 d1–d2 马 a5–b7　14. 象 e3–g5

不失先地着手向换位方向积极行动。文中着法的用意属于尼姆措维奇方
式，这样就可妨碍走马 e8，接下就是 15. 象 e7。

14. … 马 b7–c5　15. 马 e2–g3 a7–a6　16. h2–h4 b6–b5

黑方在后翼上的下法迟缓一步，他的难令人满意的第 7 着及第 9 着不易组
织起防守。

17. b3–b4 马 c5–b7　18. c4:b5 a6:b5　19. h4–h5 c7–c5　20. d5:c6
象 d7:c6　21. 象 g5–h6 后 c8–c7　22. 车 a1–c1 后 c7–e7

最后一个错误，但在 22. … 后 d7 之后，白方也有不止一种方法完成攻势，
如 23. 象:g7 王:g7　24. 马 f5+ 王 g8　25. 后 h6 或者 24. … gf　25. 后 g5+ 等。

23. 马 g3–f5 !

黑方认输。

第 95 局 法兰西防御

费里德曼——鲍特维尼克

1. e2–e4 e7–e6　2. d2–d4 d7–d5　3. 马 b1–d2 c7–c5　4. d4:c5

通常所采用的走法 4. ed 会把较复杂的任务摆在黑方面前。

4. … 象 f8:c5　5. 象 f1–d3 马 g8–f6　6. e4–e5 马 f6–d7　7. 后 d1–g4

不仅失去了中心兵，而且还有重要的象。较好的是走 7. 马 gf3 马 c6
8. 后 e2 后 c7　9. 马 b3 等。

7. … 马 d7：e5　8. 后 g4：g7　马 e5：d3＋　9. c2：d3　车 h8－f8　10. 马 g1－f3 马 b8－d7　11. 后 g7：h7　后 d8－f6　12. 后 h7－h4　后 f6－g6！　13. d3－d4　象 c5－e7 14. 后 h4－f4

送还一兵，因为如走 14. 后 g3，应着 14. … 后 d3 令人不快，白格的弱点 出现了。

14. … 后 g6：g2　15. 车 h1－g1　后 g2－h3　16. 马 d2－b3　b7－b6　17. 象 c1－d2 象 c8－a6　18. 车 a1－c1（图 101）

18. … 象 e7－d6！　19. 后 f4－g4 后 h3－h7　20. 马 f3－g5

献出一兵，目的在于加速兑后并 避免沿 f1－a6 斜线的威胁。

20. … 后 h7：h2　21. 车 g1－g2 马 d7－f6　22. 车 g2：h2　马 f6：g4 23. 车 h2－h4　马 g4－f6　24. f2－f4

白方出现新的弱点，但他必须 联车。

图 101

24. … 王 e8－e7　25. 王 e1－f2 车 f8－h8　26. 车 c1－h1　车 h8：h4　27. 车 h1：h4　车 a8－c8　28. 象 d2－c3 象 a6－d3　29. 马 b3－d2　b6－b5　30. 马 d2－f3　b5－b4　31. 象 c3－e1　车 c8－c2＋ 32. 王 f2－g3　车 c2：b2　33. 马 f3－e5　马 f6－e4＋　34. 马 g5：e4　象 d3：e4

白方认输。

工会团体比赛
（1931年7月，列宁格勒）

第96局　西班牙布局
高卢列夫——鲍特维尼克

1. e2-e4 e7-e5　2. 马g1-f3 马b8-c6　3. 象f1-b5 a7-a6　4. 象b5∶c6 d7∶c6　5. d2-d4 e5∶d4　6. 后d1∶d4 后d8∶d4　7. 马f3∶d4

倚仗罗曼诺夫斯基的研究，兑子变化在列宁格勒棋手中得到广泛应用。

7. … 象c8-d7　8. 象c1-e3 0-0-0　9. 0-0 马g8-f6　10. f2-f3 象f8-d6

11. 马b1-d2 车h8-e8　12. 马d2-c4 象d6-f8　13. 车f1-e1

应当利用13. 象g5防止黑方以后的调动并同时为马让出e3格。

13. … c6-c5　14. 马d4-b3 象d7-e6　15. 马c4-d2 b7-b6　16. 车a1-d1 马f6-d7　17. 象e3-f4

多余的一着棋，17. 马f1比较好。

17. … g7-g6　18. 马d2-f1 象f8-g7

先手在黑方手中，他的所有子都占据着富有前景的位置。

19. c2-c3 a6-a5　20. 象f4-g5

为的是暂时封住重要的斜线。

20. … f7-f6　21. 象g5-f4 a5-a4 22. 马b3-c1 a4-a3　23. b2-b3 c5-c4 24. 马f1-e3

如走24. b4，黑方应24. … f5，假如接走25. 象g5，则25. … 象∶c3。

24. … c4∶b3　25. 马c1∶b3 f6-f5　26. 马b3-d4 （图102）

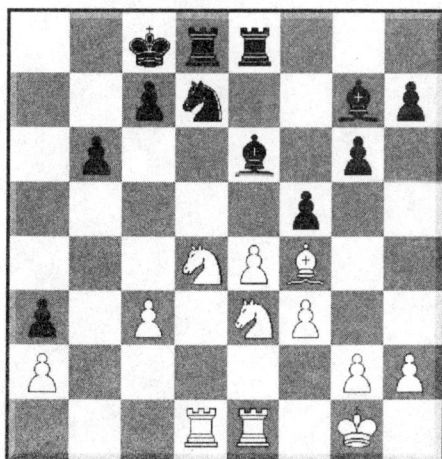

图102

161

26. … f5∶e4！

弃半子——最快通向胜利。

27. 马 d4-c6 马 d7-c5 28. 车 d1∶d8+ 车 e8∶d8 29. 马 c6∶d8 王 c8∶d8 30. f3∶e4

挽救 c 兵，不会奏效。例如，30. c4 马 d3 31. 象 g5+ 王 c8 32. 车 d1 马 b2 33. 车 c1 象 d4 等。

30. … 象 g7∶c3 31. 车 e1-d1+ 王 d8-c8 32. 马 e3-d5 象 c3-b2 33. 象 f4∶c7

大概是漏算，但已经处在无望的局势之中。

33. … 象 e6∶d5 34. 象 c7∶b6 马 c5-d7 35. 车 d1∶d5 马 d7∶b6 36. 车 d5-d6 王 c8-c7 37. 车 d6-e6 王 c7-d7！

白方认输。

苏联第七届冠军赛
小组预赛
（1931 年 10 月 11 ~ 20 日，莫斯科）

第 97 局　尼姆措维奇防御
阿克沙诺夫——鲍特维尼克

1. d2-d4 马 g8-f6　2. c2-c4 e7-e6　3. 马 b1-c3 象 f8-b4　4. 后 d1-c2 d7-d5　5. 马 g1-f3 c7-c5　6. c4：d5 e6：d5　7. 象 c1-d2

必须走 7. e3。白方王翼出动迟缓，鲍特维尼克果断加以利用。

7. … c5：d4　8. 马 f3：d4 0-0　9. g2-g3

在此处依旧应当走 9. e3，白方不必如此匆忙侧翼出动象。

9. … 后 d8-b6　10. 马 d4-f3 d5-d4　11. 马 c3-d1

或者 11. 马 a4 后 a5，有 12. … 象 f5 的威胁。

11. … 马 b8-c6　12. a2-a3 象 b4：d2+　13. 马 f3：d2

假如走 13. 后：d2，则 13. … 马 e4 14. 后 c2 后 a5+　15. 马 d2 象 f5。

13. … 象 c8-g4　14. b2-b4 车 f8-e8 15. 后 c2-c5 后 b6-d8　16. f2-f3（图 103）
16. … 车 a8-c8！　17. 王 e1-f2

若 17. fg 马 e5　18. 后 b5 a6，白方被杀或者丢后。

17. … 马 c6-e5　18. 后 c5：a7 车 c8-c2　19. f3：g4 车 c2：d2

图 103

20. 后 a7：b7 d4—d3 **21.** 车 a1—c1 d3：e2 **22.** 象 f1：e2 马 e5—d3+ **23.** 王 f2—f1

白方认输。

第98局　西西里防御
布留门菲里德——鲍特维尼克

1. e2—e4 c7—c5 **2.** c2—c4

白方力求走 d2—d4，以后马 c3，不使马阻住 C 兵。兵在 c4 位会使黑方沿着 C 线的反击麻痹不灵。但是白方利用很原始的办法来实施这一不坏的想法。

2. … 马 b8—c6 **3.** f2—f4

看不明白的着法。假如白方在王翼发动攻势，那么这一着在任何情形下都是急躁的。正确的是走 3. 马 c3，随后走 g2—g3。

3. … g7—g6 **4.** 马 g1—f3 象 f8—g7 **5.** 马 b1—c3 e7—e6 **6.** b2—b3

白方未对黑方在中心上的意图加以注意。出象至 b2 完全不符合棋局的精神。因此较适当的是走 6. d3！马 e7 7. 象 e3，迫使走 7. … 马 d4 大致平手。

6. … 马 g8—e7 **7.** 象 c1—b2 d7—d5 **8.** e4—e5 b7—b6

白方局势的缺点是 d 兵落后。实际上他可以推进它（他想走的话），但这会导致黑方形成有利的局势。当此后局势具有了开放性的特征，白方在中心上兵的链条的弱点连同他被冻结的王翼，马上受到影响。

9. d2—d4 c5：d4 **10.** 马 c3—b5 0—0 **11.** 马 f3：d4

白方用这只马吃，显然期望在 d6 巩固另一只马。可惜他的希望注定难以实现。

11. … 马 c6：d4 **12.** 象 b2：d4

如走 12. 马：d4，可以接走 f6！捣毁局势。

12. … 马 e7—f5 **13.** 象 d4—f2 象 c8—b7 **14.** g2—g4？（图104）

导致失去半个子。正确的是走 14. cd！，虽然在这种情形下黑方的优势也很大。

14. … 马 f5—h4

显然白方只是顾及 14. … dc 15. 后：d8 车：d8 16. 车 g1 等。在文中的走法之后已经不能挽救 h1 车。

15. 马 b5–d6 象 b7–c6 16. g4–g5

白方最后的一个机会——锁住局势，因为在封闭局面下证明车优于弱子并非易事。

16. … d5:c4 17. 象 f2:h4 象 c6:h1
18. 象 f1:c4 后 d8–e7 19. 后 d1–g4

毫无疑问，这是多余的。后在王翼未有任何作为。

19. … 象 h1–d5 20. 车 a1–d1
车 a8–d8 21. 象 c4:d5 e6:d5

图 104

白方认输，因为如走 22. 车:d5，接下走 22. … 象:e5！ 23. fe 车:d6！，黑胜；如走 22. 王 f1，可以走 22. … 车:d6 23. ed 后:d6，此后通路的 d 兵以及不错的局面保证黑方足以获胜。

第99局　后翼弃兵

鲍特维尼克——卡斯帕亮

1. d2–d4 d7–d5 2. c2–c4 e7–e6 3. 马 b1–c3 马 g8–f6 4. 马 g1–f3 马 b8–d7 5. 象 c1–f4

目的只是避免公式化。不过这一着也不失其用意。若走 5. 象 g5，黑方更难以简化局势。

5. … 象 f8–b4

变化 5. … dc 6. e3 马 d5 7. 象:c4 马:f4 8. ef 马 b6 9. 0–0，被认为对白方有利。黑方寻求新的办法。

6. e2–e3

正确的走法是 6. cd！ed（6. … 马:d5 7. 象 d2）7. e3 时，黑方不能组织起对 c3 格的攻击。白方的下一着切断了 f4 与 d2 的联系，并给对方几乎扯平的机会。

6. … 0–0　7. 后 d1–b3　c7–c5　8. a2–a3

必须缓和一下紧张气氛，不然接下走 8. … 马 e4 及后 a5 极其不利。

8. … 后 d8–a5

错误的机动，让白方取得对他有利的残局。正确的是走 8. … 象：c3+！9. bc（或者 9. 后：c3 马 e4 及 10. … 后 a5+），保持紧张性。

9. 车 a1–c1　象 b4：c3+　10. 后 b3：c3

无疑最为有力。在 10. bc b6！之后，黑方在后翼上有先手。正相反，现在在所获得的残局中有赖于双象和兵的中心，白方棋局值得肯定。

10. … 后 a5：c3+　11. b2：c3　b7–b6　12. c4：d5　马 f6：d5

在 12. … ed 之后，后翼的象不够主动。除此以外，黑方在中心上的机会仅仅与子力的压力有关联。

13. 象 f4–g3

一无所获的走法是 13. 象 d6 车 d8　14. 象 b5 象 b7　15. 象：d7 车：d7 16. dc 车 c8，黑方出子很好。

13. … 象 c8–b7　14. 象 f1–b5　马 d5–f6

黑方很小心。急躁的是走 14. … 车 fd8　15. 象 h4 马 5f6　16. 马 e5！或者 15. c4 走成于己有利的复杂局面。

15. 王 e1–e2　a7–a6　16. 象 b5–d3　车 f8–c8　17. 车 h1–d1

漫不经心。正确的是立刻走 17. c4，防 c3 格。

17. … 马 f6–e4

正该如此！有 18. … cd 及 19. … 马：c3+ 的威胁，原及于此白方不可能避免兑掉位置绝佳的黑格象。

18. c3–c4　象 b7–c6

令人费解，黑方为何不走 18. … 马：g3+ 力求均势呢。现在他逐渐陷于困难境地。白方首先为避兑引走 g3 象，而后从中心位置上驱走黑子，手法巧妙地加强了自己的局势。

19. 象 g3–f4　f7–f6　20. h2–h4　h7–h6　21. 象 f4–h2

有个企图 21. d5 ed　22. cd，指望如走 22. … 象：d5　23. 象：e4 和 24. 车：d7，在此处（以及在今后）都不会有结果，由于有应着 22. … 象 b5！。

166

21. … 车 a8-a7 22. 马 f3-e1 f6-f5

新的削弱，迫不得已，有失马之威胁。

23. f2-f3 马 e4-f6 24. 车 d1-d2 b6-b5

按照通常局面见解应当放弃这一突破，因为都知道在开放性局势中两只象特别有力。

25. d4：c5 b5：c4 26. 象 d3：c4 马 d7：c5 27. 象 h2-d6 马 f6-d7

没有别的防御 e6 兵的可能性。

28. 车 d2-c2 车 c8-e8

机警的防御（有 29. 象：e6+ 的威胁得兵）。现在如走 29. 象：c5 马：c5 30. 象：e6+，接下来走 30. … 马：e6 31. 车：c6 马 d4+!。

29. 王 e2-f2 马 c5-b7（图 105）

这样立刻输掉。不过其他走法（如 29. … 象 a4）来挽救黑方很值得怀疑。

30. 象 c4-a2!

狡猾的着法。黑象不可能退走，因为接下来有 31. 车 c7! 黑方阵式麻木。

30. … 马 b7：d6 31. 车 c2：c6 马 d6-f7 32. 象 a2：e6 马 d7-e5 33. 车 c6-c8 车 a7-e7 车 c8：e8+ 车 e8：e8 35. 象 e6：f5

黑方认输。

图 105

显然过早兑后，对局始终保持战斗特色。

第 100 局 后翼弃兵

鲍特维尼克——格里高连科

1. d2-d4 d7-d5 2. c2-c4 c7-c6 3. 马 g1-f3 马 g8-f6 4. e2-e3 e7-e6 5. 象 f1-d3 马 b8-d7 6. 马 b1-d2 c6-c5!

最为有力的走法。在几乎所有的白方出动后翼马至 d2 的后翼弃兵变化中，黑方都能走 C 兵成功解脱他的局势。

7. 0-0 象 f8-e7　8. b2-b3 0-0　9. 象 c1-b2 c5:d4

这步兑很恰当。因为白方应当用兵吃，此后这只兵长时间阻住他的象。但是随后的又一个兑应当等一会儿：结束出子在力量上会大大超过兑子。因此正确的是走 10. … b6。

10. e3:d4 d5:c4　11. b3:c4 b7-b6

白方中心实际上未被封锁，但却被牢牢地阻挡住。白方的计划是在王翼上展开攻势。为此必须走 d4-d5，给后翼象打开线路。但是黑方有力量阻止它。

12. 车 a1-c1 象 c8-b7　13. 车 f1-e1 车 a8-c8　14. 象 d3-b1

争夺 d4-d5 的斗争开始了。白方拟好一个著名的手法后 c2、马 e5、马:d7 和 d5，连带有象:f6 和后:h7× 的威胁。因此为防守 h7 格，黑方把马转调至 f8 去。白方借此夺得 e5 格，不过没有特别的意义。

14. … 车 f8-e8　15. 后 d1-c2 马 d7-f8　16. 马 f3-e5 车 c8-c7

准备走后 a8。合理地发展白方的计划是走 17. f4，但这样危险，因为 a8-h1 斜线暴露。白方宁肯遵循等待战术，不怕导致平局。

17. 马 d2-f3 后 d8-a8　18. 后 c2-e2 象 e7-b4

不错的走法。黑方再一次保住 f7 格，并把车从 e 线驱走。

19. 车 e1-d1 车 e8-c8

黑方结束出子。现在已经有使白兵重叠的威胁，走 20. … 象:f3　21. 后:f3 后:f3　22. gf（22. 马:f3 车:c4）。因此白方应当再一次防守 c4 兵。

20. 象 b1-d3 象 b4-d6

21. 马 f3-e1（图 106）

很好的着法。白方有 22. f3 的威胁，此后象在 b7 及后在 a8 变得毫无意义。黑方认为是自己被迫提出兑象（也许还兑后），因而陷入很无特色的战术组合中去。

图 106

168

21. … 象 b7-e4   22. 马 e5-g4！马 f8-d7   23. d4-d5

这样一走白方终于推进了这个兵，但遗憾的是进兵却落入不足以取胜的境地。白方未能及时把车引进攻势中去，而一只后又不处在军事区。

23. … 象 e4∶d3   24. 马 e1∶d3

如走 24. 马∶f6+ 马∶f6   25. 后∶d3，黑方走 25. … e5！，取得不错的棋局。

24. … e6∶d5

较弱的是走 24. … 车∶c4   25. 车∶c4 车∶c4   26. 马∶f6+ 马∶f6   27. 象∶f6 gf 28. de，白子处位好。

25. 马 g4∶f6+ 马 d7∶f6   26. 象 b2∶f6 g7∶f6   27. 后 e2-g4+ 王 g8-f8 28. 后 g4-d4

白方同意和棋。想借助于 28. cd 后∶d5！   29. 后∶c8+ 车∶c8   30. 车∶c8+ 王 g7，未必能得到更多的东西。

28. … 王 f8-g7

显然黑方确信白方不会拒绝着法重复。但是假如白方心绪较为贪攻，他就会力图借助于 29. cd！，利用上自己兵和子良好的布置。

29. 后 d4-g4+ 王 g7-f8   30. 后 g4-d4 王 f8-g7   31. 后 d4-g4+

和棋。